SACRALIDADE E SIMBOLISMO FEMININO
no Espaço Latino-americano

COLEÇÃO CAMINHOS SIMBÓLICOS
VOLUME 3

Ivna Carolinne Bezerra Machado
Jacquicilane Honorio de Aguiar
Jesica Wendy Beltrán Chasqui
(Autoras)

Christian Dennys
Monteiro de Oliveira
(Organizador)

Ivna Carolinne Bezerra Machado
Jacquicilane Honorio de Aguiar
Jesica Wendy Beltrán Chasqui
(Autoras)

Christian Dennys Monteiro de Oliveira
(Organizador)

SACRALIDADE E SIMBOLISMO FEMININO NO ESPAÇO LATINO-AMERICANO

Coleção Caminhos Simbólicos
Volume 3

Editora CRV
Curitiba – Brasil
2021

Copyright © da Editora CRV Ltda.
Editor-chefe: Railson Moura
Diagramação e Capa: Diagramadores e Designers da Editora CRV
Fotos do Miolo: Cedidas por Raimundo Freitas Aragão
Revisão: Analistas de Escrita e Artes da Editora CRV

DADOS INTERNACIONAIS DE CATALOGAÇÃO NA PUBLICAÇÃO (CIP)
CATALOGAÇÃO NA FONTE
Bibliotecária responsável: Luzenira Alves dos Santos CRB9/1506

SA119

    Sacralidade e simbolismo feminino no espaço latino-americano / Ivna Carolinne Bezerra Machado, Jacquicilane Honorio de Aguiar, Jesica Wendy Beltrán Chasqui (autoras), Christian Dennys Monteiro de Oliveira (organizador) – Curitiba : CRV, 2021.
86 p. (Coleção Caminhos Simbólicos – v. 3).

    Bibliografia
    ISBN Coleção Digital 978-65-251-0740-0
    ISBN Coleção Físico 978-85-444-2911-2
    ISBN Volume Digital 978-65-251-0742-4
    ISBN Volume Físico 978-65-251-0743-1
    DOI 10.24824/978652510743.1

    1. Geografia e história 2. Espaços simbólicos 3. Arquétipos Femininos 4. América Latina I. Oliveira, Christian Dennys Monteiro de, org. II. Título III. Série.

CDU -055.2   CDD 305.4918

Índice para catálogo sistemático
1. Arquétipos femininos – América Latina - 305.4918

ESTA OBRA TAMBÉM ENCONTRA-SE DISPONÍVEL EM FORMATO DIGITAL.
CONHEÇA E BAIXE NOSSO APLICATIVO!

2021
Foi feito o depósito legal conf. Lei 10.994 de 14/12/2004
Proibida a reprodução parcial ou total desta obra sem autorização da Editora CRV
Todos os direitos desta edição reservados pela: Editora CRV
Tel.: (41) 3039-6418 - E-mail: sac@editoracrv.com.br
Conheça os nossos lançamentos: **www.editoracrv.com.br**

Conselho Editorial:

Aldira Guimarães Duarte Domínguez (UNB)
Andréia da Silva Quintanilha Sousa (UNIR/UFRN)
Anselmo Alencar Colares (UFOPA)
Antônio Pereira Gaio Júnior (UFRRJ)
Carlos Alberto Vilar Estêvão (UMINHO – PT)
Carlos Federico Dominguez Avila (Unieuro)
Carmen Tereza Velanga (UNIR)
Celso Conti (UFSCar)
Cesar Gerónimo Tello (Univer .Nacional Três de Febrero – Argentina)
Eduardo Fernandes Barbosa (UFMG)
Elione Maria Nogueira Diogenes (UFAL)
Elizeu Clementino de Souza (UNEB)
Élsio José Corá (UFFS)
Fernando Antônio Gonçalves Alcoforado (IPB)
Francisco Carlos Duarte (PUC-PR)
Gloria Fariñas León (Universidade de La Havana – Cuba)
Guillermo Arias Beatón (Universidade de La Havana – Cuba)
Helmuth Krüger (UCP)
Jailson Alves dos Santos (UFRJ)
João Adalberto Campato Junior (UNESP)
Josania Portela (UFPI)
Leonel Severo Rocha (UNISINOS)
Lídia de Oliveira Xavier (UNIEURO)
Lourdes Helena da Silva (UFV)
Marcelo Paixão (UFRJ e UTexas – US)
Maria Cristina dos Santos Bezerra (UFSCar)
Maria de Lourdes Pinto de Almeida (UNOESC)
Maria Lília Imbiriba Sousa Colares (UFOPA)
Paulo Romualdo Hernandes (UNIFAL-MG)
Renato Francisco dos Santos Paula (UFG)
Rodrigo Pratte-Santos (UFES)
Sérgio Nunes de Jesus (IFRO)
Simone Rodrigues Pinto (UNB)
Solange Helena Ximenes-Rocha (UFOPA)
Sydione Santos (UEPG)
Tadeu Oliver Gonçalves (UFPA)
Tania Suely Azevedo Brasileiro (UFOPA)

Comitê Científico:

Adriane Piovezan (Faculdades Integradas Espírita)
Alexandre Pierezan (UFMS)
Andre Eduardo Ribeiro da Silva (IFSP)
Antonio Jose Teixeira Guerra (UFRJ)
Antonio Nivaldo Hespanhol (UNESP)
Carlos de Castro Neves Neto (UNESP)
Carlos Federico Dominguez Avila (UNIEURO)
Edilson Soares de Souza (FABAPAR)
Eduardo Pimentel Menezes (UERJ)
Euripedes Falcao Vieira (IHGRRGS)
Fabio Eduardo Cressoni (UNILAB)
Gilmara Yoshihara Franco (UNIR)
Jairo Marchesan (UNC)
Jussara Fraga Portugal (UNEB)
Karla Rosário Brumes (UNICENTRO)
Leandro Baller (UFGD)
Lídia de Oliveira Xavier (UNIEURO)
Luciana Rosar Fornazari Klanovicz (UNICENTRO)
Luiz Guilherme de Oliveira (UnB)
Marcel Mendes (Mackenzie)
Marcio Jose Ornat (UEPG)
Marcio Luiz Carreri (UENP)
Maurilio Rompatto (UNESPAR)
Mauro Henrique de Barros Amoroso (FEBF/UERJ)
Michel Kobelinski (UNESPAR)
Rafael Guarato dos Santos (UFG)
Rosangela Aparecida de Medeiros Hespanhol (UNESP)
Sergio Murilo Santos de Araújo (UFCG)
Simone Rocha (UnC)
Sylvio Fausto Gil filho (UFPR)
Valdemir Antoneli (UNICENTRO)
Venilson Luciano Benigno Fonseca (IFMG)
Vera Lúcia Caixeta (UFT)

Este livro passou por avaliação e aprovação às cegas de dois ou mais pareceristas *ad hoc*.

Os autores agradecem o financiamento do projeto Programa CAPES/FUNCAP Proc. 88887.165948/2018-00: Apoio às Estratégias de Cooperação Científica do Programa de Pós-Graduação em Geografia – UFC, bem como todo apoio do Departamento de Geografia da Universidade Federal do Ceará

SUMÁRIO

APRESENTAÇÃO 11
Christian Dennys Monteiro de Oliveira

PREFÁCIO 13
Alcimara Aparecida Föetsch

INTRODUÇÃO: a paisagem festiva como espelho simbólico da cultura 17

CAPÍTULO 1
SIMBOLISMOS DO FEMININO NAS PAISAGENS FESTIVAS
DA AMÉRICA LATINA 21
    1.1 Contrastes da religiosidade na representação do
    imaginário feminino 23
    1.2 Interseções simbólicas e justaposições nas
    representações festivas 31
    1.3 Reelaborações culturais na profusão de
    paisagens festivas 39

CAPÍTULO 2
NOSSA SENHORA DE LOURDES E O MODELO
DEVOCIONAL TERAPÊUTICO 41
    2.1 Faces do imaginário religioso 42
    2.2 O imaginário religioso da devoção mariana 47
    2.3 O modelo devocional terapêutico 51
    2.4 A dinâmica devocional em Chaval (CE) e Lagoa do Piauí (PI) 53

CAPÍTULO 3
ARQUÉTIPO AFROFEMININO DO LITORAL
PACÍFICO COLOMBIANO 59
    3.1 Paisagens afrofemininas: da colônia à contemporaneidade 60
    3.2 A mulher negra como recriadora da cultura no Pacífico 63
    3.3 Paisagens sonoro-corporais 67
    3.4 A *Anima* como elemento transformador 70

CAPÍTULO 4
PROJEÇÕES E PERSPECTIVAS PARA O FEMININO
NA AMÉRICA LATINA... 73

REFERÊNCIAS...77

ÍNDICE REMISSIVO 85

APRESENTAÇÃO

Este é o terceiro volume da Coleção CAMINHOS SIMBÓLICOS organizada por Pesquisadoras do nosso laboratório e com o brilho representativo de nossas aventuras pelo fortalecimento de uma geografia cultural aberta à multiplicidade de representações sociais. E atingir essa luminosidade de reflexões, em um trabalho de seis autoral de seis mãos, advindo das experimentações de doutorados com temas diversos é prover o leitor de um convite ao diálogo com a pesquisa geográfica nas representações do espaço feminino latino-americano. As Professoras Jacquicilane, Ivna e Jesica estão de parabéns pelo êxito indiscutível em fazer fluir os desafios da equipe LEGES/UFC e da rede OPPALA na discussão do "Sagrado e Simbolismo Feminino" como um denso espaço de latinidade socioambiental, cultural, artística e religiosa. Certamente, muitos outros textos e trabalhos sobre essa temática poderiam fazer das iniciativas uma grande coletânea com infindáveis parcerias. Foi pensando nisso que as autoras lançaram já proposta de uma coletânea em e-book – *geografia cultural do feminino: enfoques e perspectivas* – como uma estratégia mais imediata voltada ao desdobramento deste campo estrutural para compreensão do olhar geográfico que os caminhos simbólicos têm fomentado.

As paisagens festivas em suas latinidades, o modelo devocional e terapêutico das "nossas senhoras" e o arquétipo afrofeminino de interiores e litorais forjam temas muito apartado que qualquer unidade prévia. Mesmo no lastro de um debate sobre investimentos culturais, seria possível descartar as três contribuições de uma lista de prioridades entre os temas-chave da Ciência Geográfica. E porque a coleção Caminhos Simbólicos fez tal investimento, na contracorrente das tendências mais óbvias de discussão? A resposta mais evidente se fixa na responsabilidade das Pesquisadoras e na confiança de todo o conjunto de estudiosos com o qual elas estão trabalhando nestes últimos anos.

Porém, consideramos plausível outra resposta menos evidente e mais convincente. Algo como a ponderação de que estes olhares... são olhares geográficos eminentemente femininos, humanistas e universais. Os CAMINHOS SIMBÓLICOS nos chamam a pensar o espaço humano continental como o espaço do Ser Mulher; a Humanidade de todos nós. Neste sentido, tal volume poderia ser o primeiro fundamento de tudo que defendemos para essa coleção. É o terceiro, talvez para melhorar o Saber em Sabor. Vamos saborear esta jornada aqui e agora!

Christian Dennys Monteiro de Oliveira
Pesquisador do LEGES/UFC e da Rede OPPALA
Fortaleza-Ceará/Brasil, abril de 2021

PREFÁCIO

De boa-fé e em verdade confesso e admito que foi na ingenuidade repentina que aceitei o convite para prefaciar este livro tão logo o recebi. Penso que me deixei seduzir pela respeitosa afeição acadêmica que compartilhamos, pela possibilidade de olhar os originais o quanto antes e pela oportunidade de escrever em primeira pessoa – já que nem sempre somos autorizados a fazê-lo. No entanto, depois de espiar os capítulos, questionei-me sobre o que me credenciava ou qualificava para o feito. Então, me vi angustiada com a necessidade de produzir algo à altura na mesma medida em que fui tocada, sensível e profundamente, pela discussão do simbolismo feminino latino-americano, propositura que muito me representa.

Posso afirmar que cada página, sem modéstia ou exagero, é um convite à meditação, ao assumir de responsabilidade Humana. Nos exige o desnudar de emoções e intenções num posicionar-se no mundo, com amor e indignação. *América Latina, Simbolismo Feminino* e *Sacralidade* constituem temáticas latentes, pulsantes, desafiadoras! Corajosas são as autoras ao propor tal combinação, com tão fina sensibilidade, integridade metodológica e comprometimento teórico. O recorte espacial, *América Latina*, esteio de lutas e contradições, congrega, abriga e refugia distintas expressões culturais que combinam heranças coloniais à internacionalização de comunicações simbólicas, resultantes, em especial, das diásporas africana, indígena e europeia. É imperioso e autêntico evidenciar o continente enquanto celeiro produtor de latinidades, transpondo o silêncio midiático e a ausência de políticas de reconhecimento.

O livro, de início, confirma e reafirma a condição feminina a partir do pensamento arcaico e hegemônico do patriarcado ao testemunhar com evidências reais o papel submisso da mulher na situação doméstica, sexual e familiar. Retrata servidão e subalternidade, inegáveis violências físicas e simbólicas, construídas, alicerçadas e edificadas, histórica e propositalmente, no inconsciente coletivo. No entanto, sobrepõe tal perspectiva posta e enraizada na medida em que sugere e encoraja uma leitura valorativa do feminino enquanto símbolo sagrado de acolhimento, cura e rebeldia, desnudando elos com a ancestralidade e comprovando o protagonismo das mulheres no seio de suas próprias comunidades, onde fazem realmente a diferença.

Mas este nem é o ponto forte do trabalho. Disto partindo e esbanjando intencionalidade afetiva – alimento nutritivo das autoras – Ivna, Jacquicilane e Jesica propõe uma análise da paisagem festiva como espelho simbólico da cultura, cujo enfoque se dá a partir do sagrado feminino e como este se insere no contexto. Ritos, festividades, símbolos e significados presentes nas vivências e no imaginário são retratados desenhando um verdadeiro retrato da latinidade, incluindo (ainda e como se fosse pouco!) as reelaborações e ressignificações simbólicas numa totalidade interpretativa que não exclui a identificação de especificidades. Por entre Santas, Divindades e Orixás, as sobreposições simbólicas encontram no feminino seu ponto de intersecção, combinam traços indígenas, espanhóis, portugueses e africanos que culminam em sonoridades, corporeidades, crenças e rituais desprendidos das amarras institucionais oficiais porque são ressignificados pela cultura popular como uma espécie de **transgressão** às ordens do cotidiano. Emprego a palavra "*transgressão*", neste caso, como sinônimo de persistência, obstinação, desobediência e teimosia, de onde provem as projeções da Senhora Soberana, da Filha Negociadora e da Neta Ambientalista.

O arquétipo feminino é explorado nas paisagens festivas da América Latina continental por meio das representações religiosas das virgens marianas, padroeiras dos países. Na composição projetiva trata-se da Senhora Soberana que corrigiu e corrige a crioula, a indígena, a africana e a mestiça, ditando regras de comportamento em relação à sociedade, à família e ao corpo. Entretanto, representa também o papel de justiceira, líder espiritual, autoridade religiosa que espanta o mal e protege os filhos, numa representação arquetípica da Grande Mãe.

Somos convocados a perceber que estes arquétipos constituem o conteúdo presente no inconsciente coletivo e que embora manifeste-se no indivíduo, pertence à sua coletividade. São mitologias maternas para além da função de nutrição, associadas ao fortalecimento de laços e tendo na veneração à *Nossa Senhora* o ponto de intersecção entre os sujeitos e Deus (além de ingrediente comum para cristãos e para as religiões pagãs da natureza). Na proposição de um modelo devocional turístico terapêutico considerando o arquétipo da Grande Mãe, a devoção mariana na perspectiva da saúde em Chaval (CE) e Lagoa do Piauí (PI) nos mostra a busca e a peregrinação almejando o reestabelecimento da saúde, práticas devocionais demarcadas no espaço-tempo festivo. Leiam e percebam que se trata de uma instigante leitura ampliada de *Nossa Senhora* a partir do triângulo das necessidades e do sistema de vetores simbólicos, o que engrandece sobremaneira a perspectiva.

A domesticação do corpo e o arquétipo de mulher negra como criatura sexual primitivamente exótica e folclórica, presente na cozinha, na cama, na festa e no prazer masculino constituem ponto de partida para discutir as narrativas afro femininas a partir do litoral do pacífico colombiano. Todavia, o olhar calibrado das autoras nos revela representações imagéticas e o protagonismo nas lutas, nas resistências e nos rituais. Parteiras, compositoras e rimadoras, essas mulheres se fazem presentes tanto no momento do nascimento quando conduzem a *"umbigada"* (ritual de vida que guarda desígnios do que será e laços com a ancestralidade) quanto na morte, quando entoam os *"alabaos"* (cantos fúnebres, rituais sonoros que conduzem a alma à África, num sonoro de liberdade e denúncia). Os cânticos, poesias, penteados e ritos constituem patrimônio ímpar para além do exótico, do escravo e do sedutor nos intimando a decifrar o corpo feminino como texto, linguagem simbólica, patrimônio e significação.

Esta contribuição inspiradora e esperançosa somente poderia partir do trio afinado composto por Ivna, Jacquicilane e Jesica, mulheres de empatia, pesquisadoras de fé, que fazem do universo acadêmico também seu espaço de fala, discurso, comunicação e afirmação. Ao integrarem tanto o *Laboratório de Estudos Geoeducacionais e Espaços Simbólicos* – LEGES quanto o *Observatório de Paisagens Patrimoniais & Artes Latino Americanas* – OPPALA encontraram acolhimento, generosidade, espaço e oportunidade não só para crescer profissionalmente quanto para se representar. É, de fato, um texto acadêmico que deu conta de cumprir requisitos formativos, contudo, sem renunciar a essência subjetiva, as vivências particulares e as preocupações acadêmicas das autoras.

E assim, cheia de emoção e esperança, convido a leitura deste livro escrito por essa geração protagonista de autoras como um aceno para reafirmar a fé na vida, na condição humana feminina e na confiança de que seguimos, juntos e persistentes, na marcha pela busca de reconhecimento patrimonial, não só desta, mas de todas as expressões culturais latino-americanas.

União da Vitória, Paraná, 12 de abril de 2021.

Com carinho e admiração,

Alcimara Aparecida Föetsch

INTRODUÇÃO: a paisagem festiva como espelho simbólico da cultura

Pensar sobre o Sagrado feminino na Geografia é um desafio que se propõe na busca de refletir sobre como o feminino vem *semântisando* a terra, influenciando nas formas culturais dos povos, como em seus ritos e festividades, as quais estão carregadas de símbolos e significados. Isso pode ser percebido através do imaginário e inconsciente coletivo, o qual possui marcas profundas da presença de um feminino latente, mesmo diante do predomínio de um pensamento arcaico, que ainda na contemporaneidade persiste em silenciar e exercer domínio nas sociedades e culturas, decorrente da influência do patriarcado. Isso tem se modificado diariamente, porém se faz necessário avançar ainda mais no processo de desconstrução do pensamento hegemônico.

A América Latina, recorte espacial demarcado para essa reflexão, é constituída essencialmente por uma diversidade de culturas. Dentro desse processo de construção estão as ritualizações e festividades, as quais se apresentam enquanto ruptura do cotidiano, contribuindo no processo de fortalecimento das identidades individuais e coletivas que compõem o imaginário simbólico das manifestações. Refletir sobre essas dimensões simbólicas que constituem a cultura latina apresenta-se enquanto um desafio constante, frente à pluralidade de discussões que, em certa medida, buscam também o caminho da integração a partir dos elementos culturais. A construção desse imaginário perpassa desde a variação linguística até a lida com a terra, além da própria formação histórico-cultural que deixou diversas marcas na sua população.

Dentre estas marcas, estão as problemáticas estabelecidas a partir das práticas patriarcais impostas ao corpo feminino, intensificados no processo de colonização na América Latina, que perpassam a servidão e o silenciamento, o que reforçou as relações estabelecidas pelas mulheres com a casa, a natureza, a identidade racial, a maternidade, e diversos outros simbolismos que hoje necessitam ser investigados e desconstruídos, como propõe e explora Antivilo (2015) a partir das artes visuais.

Assim, as marcas do feminino nesse imaginário simbólico da cultura latino-americana se apresentam de diferentes formas, como no imaginário dos povos andinos, que de norte a sul através dos andes fazem um chamado a mãe terra *"La Pachamama"* para pedir pela chuva, solicitar permissão para a entrada em lugares sagrados, para agradecer pelas colheitas e a terra fértil. Deusa dos povos indígenas, é representada pelas montanhas, os picos mais altos e a terra. As formas dessas representações femininas advêm de construções ocidentais, como no modelo mariano e sua iconografia, que é predominantemente representada por imagens de pele branca e olhos claros, desconsiderando os hibridismos e influências culturais de outras etnias. Esse modelo mariano representa a mãe protetora, que cura e acolhe seus filhos em seu seio materno. Sem dúvida, se apresentam variações desse modelo, algumas com características mais mestiças que outras, como resultado de um sincretismo religioso que vincula a mistura de comunidades ancestrais indígenas, negras e hispano-lusitanas.

O feminino na América Latina tem tomado formas através de símbolos, imagens provenientes de um imaginário compartilhado, assim como também de um inconsciente coletivo que salva construções de femininos dominantes. Nessa perspectiva não dão abertura para visualizar outras formas menos compreendidas do feminino, remanescentes de minorias étnicas. Temos como exemplo as afrodescentes na Colômbia, que apresentam uma riqueza cultural que permitem vislumbrar formas mais evoluídas do feminino como a *anima* (NEUMANN, 1999), a partir de reelaborações simbólicas de práticas rituais como movimento de resistência cultural.

Partindo da perspectiva da Geografia Cultural (CLAVAL, 1999), a abordagem proposta para a composição dessas considerações textuais parte do esforço da reflexão e da experimentação a partir da paisagem, imagem e corpo. A sondagem para compreender a construção dos Sagrados Femininos tem como caminho metodológico a comparação de aproximações/distanciamentos entre os elementos que compõem a dimensão simbólica das manifestações exploradas. Assim, é possível sondar tanto as evidências apreendidas pelas artes, como propõe Cosgrove (2012) quando entende que pinturas, romances, contos populares, músicas, canções, como por outras linguagens potencialmente representativas dos significados atribuídos à paisagem, como também na própria pesquisa documental e nas incursões em campo. Nesse sentido, abordar as artes enquanto linguagem a ser explorada nos ajuda a compreender também que a paisagem cultural imaginada enquanto texto, "atua como um instrumento de transmissão, reproduzindo a ordem social" (DUNCAN, 2004, p. 110).

Aliado a isso está a perspectiva da festa enquanto promotora de símbolos culturais, pois nos interessa refletir como o elemento feminino está inserido nesse contexto que envolve as ritualidades e seu imaginário simbólico, considerando a influência de Jung (2003) com os arquétipos femininos, os quais representam os conteúdos do inconsciente coletivo que determinam comportamentos. Tais arquétipos e consequentemente seus efeitos podem ser observados no desenvolvimento das sociedades, pois "estão presentes nos rituais, nos mitos e nos símbolos desde os primórdios do homem" (NEUMANN, 1999, p. 19).

Os três capítulos deste livro partem das experiências individuais das autoras nas pesquisas desenvolvidas junto ao Laboratório de Estudos Geoeducacionais e Espaços Simbólicos – LEGES e ao Observatório de Paisagens Patrimoniais & Artes Latino-Americanas – OPPALA, com desdobramentos que buscam explorar e experimentar novas perspectivas de pesquisa. O primeiro capítulo *Simbolismos do feminino nas paisagens festivas da América Latina* tem como foco explorar visualidades do arquétipo feminino em algumas festividades do continente, trazendo à tona pontos de interseção entre os simbolismos atribuídos a essas figuras. Além disso, aborda as representações religiosas por meio das virgens marianas padroeiras dos países latinos e os hibridismos culturais e mítico-religiosos. O Segundo capítulo *Nossa Senhora de Lourdes e o modelo devocional terapêutico* aborda os simbolismos do arquétipo da Grande Mãe a partir de Neumann (1999), colocando em evidência os sentidos e significados atribuídos a devoção mariana, com foco em uma abordagem voltada para a perspectiva da saúde. No terceiro capítulo *Arquétipo afro feminino do litoral Pacífico colombiano*, é realizado uma análise sobre as representações imagéticas atribuídas às mulheres negras do pacífico colombiano, bem como o protagonismo feminino nos rituais culturais e religiosos enquanto forma de resistência.

Assim, a reflexão da temática se constitui a partir de um diálogo interdisciplinar, que permite leituras que confluem de forma direta ou indireta na Geografia, desde a psicologia, as artes, ciências sociais, antropologia, entre outras, revelando a diversidade de formas femininas existentes no espaço geográfico que permeia a sociedade.

CAPÍTULO 1

SIMBOLISMOS DO FEMININO NAS PAISAGENS FESTIVAS DA AMÉRICA LATINA

Conceber a paisagem enquanto uma maneira de ver, compor e harmonizar o mundo em uma cena (COSGROVE, 2012) proporciona uma leitura dos elementos culturais que integram o patrimônio cultural por meio de recortes simbólicos que serão pulsantes na representação construída. A narrativa tende a estar marcada pelas ligações estabelecidas e valores culturais que marcam a sua relação de pertencimento com seu grupo (DI MÉO, 2012) e as relações sociais estabelecidas na vivência do espaço.

Em um contexto em que a urbanização e as influências político-culturais e midiáticas, em certa medida, potencializam as trocas simbólicas e hibridizações, a composição desses recortes da paisagem em "cenas" se tornará ainda mais diversificado e pleno em sua exteriorização. Além disso, é necessário considerar as migrações multidirecionais que Canclini (2003) analisa no caso da América Latina, enfatizando que o processo de internacionalização do continente nos últimos trinta anos se expandiu para as populações de todos os estratos sociais, gerando novos fluxos de circulação cultural.

Isso intensifica a comunicação simbólica e reforça a função de duplo papel da geografia cultural explorada por Claval (1999), vivenciados tanto na experiência de distanciamento de seus indivíduos dos seus lugares de origem, como também no distanciamento de indivíduos que mesmo próximos geograficamente, não partilham das mesmas crenças. É interessante resgatar essa concepção pois diante da expansão territorial da América Latina, a intensa fragmentação das representações será multifacetada, tornando o processo de compreensão extremamente desafiador.

Assim, explorar tais temáticas nos ajudam na compreensão de uma latinidade pulsante, por meio dos elementos culturais que se multiplicam e compõem uma paisagem simbólica marcante, que caracteriza esse patrimônio. Ao buscar um elemento comum agregador que demonstre essa raiz identitária que constitui a latinidade que emanam das vastas festividades, Dozena (2020) nos mostra que esse entrelaçamento entre as diferentes manifestações revela uma dessas facetas a partir das sonoridades latino-americanas, que são marcadas pelo uso comum dos tambores nas festividades e ritualizações enquanto herança cultural afrolatino-americana.

Isso nos impulsiona a pensar que tais sonoridades também estão aliadas a corporeidades que se expressam a partir do movimento, dos rituais e seus símbolos, e que potencialmente perpassam a inserção do feminino e de seu papel nesse contexto festivo. Além disso, se constitui enquanto disparador na busca por compreender esses trajetos que se interconectam nesse universo cultural. Dessa forma, ao buscarmos essas relações de alteridade considerando o feminino como ponto de partida, na busca por desvelar costumes, crenças e semelhanças / distanciamentos na representação patrimonial da paisagem, desenhamos também um retrato da latinidade.

A profusão de alteridades presentes nas narrativas festivas, demarca também "uma 'despossessão' dos papéis sociais instaurando um estado de indeterminação, uma situação 'a-estrutural' semelhante àquela em que nos encontramos antes da 'entrada na vida'" (FERREIRA, 2003, p. 4). Isso é mais fortemente escancarado no carnaval, pela liberdade das práticas festivas sem o peso dos julgamentos e atividades cotidianas, privilegiando as experiências e vivências em uma espacialidade coletiva. Entretanto, a cultura popular e as ritualizações e festividades, em seu potencial de expressão e teatralidade, não deixam de repercutir suas transposições simbólicas, visto que em sua origem já se apresentam enquanto eminentemente popular. Portanto, celeiro de lutas, contradições e no caso da América Latina, herança colonial, a qual foi absorvida e ressignificada em diversas expressões.

Essas expressões não necessariamente são retratos hegemônicos de uma narrativa, pois são constantemente reelaboradas em sua composição. Segato (2007), ao definir a forma como as representações hegemônicas concebem e reproduzem a realidade, afirma que essa narrativa:

> [...] nada mais é que uma matriz de alteridade, ou seja, de formas de gerar alteridade, concebida pelo imaginário das elites e incorporada como modo de vida através de imagens endossadas e propagadas pelo Estado, pelas artes e, por fim, pela cultura de todos os componentes da nação (SEGATO, 2007, p. 29, tradução nossa)[1]

---

1   No original: "[...] no es otra cosa que una matriz de alteridades, es decir, de formas de generar otredad, concebida por la imaginación de las elites e incorporada como forma de vida a través de muestras endosadas y propagadas por el Estado, por las artes y, por último, por la cultura de todos los componentes de la nación".

A autora elucida as estratégias simbólicas do hegemônico ao trazer para a cena da paisagem uma narrativa que seja midiaticamente, nos moldes atuais, interessante para a promoção dos bens culturais patrimoniais e nacionais, que acima do incentivo cultural e valorização patrimonial, instauram a cristalização de representações únicas para estados e países. Porém, mesmo nos casos explorados a seguir, veremos que apesar dos elementos ditos "oficiais" não deixarem de estar presentes nas manifestações, estes se reelaboram e ganham sentidos para além das amarras institucionais, trazendo formas de moldar a latinidade a partir da cultura popular.

1.1 Contrastes da religiosidade na representação do imaginário feminino

Inicialmente, é necessário expandir a reflexão para representações festivas que rompam com a dimensão religiosa oficial, diante do entendimento de um feminino não apenas pela dimensão elementar, mas também por sua dimensão transformadora, ambas exploradas por Neumann (1999). A primeira [elementar] está associada ao arquétipo da Grande Mãe, acionando a proteção, fertilidade e diversas outras características enraizadas a partir das tradições socioculturais, entendendo esse elementar também enquanto portadora do dom da vida e da natureza. Esse ponto de partida com a "Grande Mãe" é impulsionado pela consideração decorrente do processo da colonialidade patriarcal, que nos direciona a pensar uma representação simbólica do feminino a partir da influência da religião, principalmente por meio das virgens marianas.

Essa influência religiosa "instala como regra o ideal ocidental / mariano, que vai 'governar' e 'corrigir' a crioula, a indígena, a africana e a mestiça" (ANTIVILO, 2015, p. 38, tradução nossa)[2]. Isso pode ser percebido e reforçado à medida que se multiplicam representações religiosas como as das santas protetoras dos países da América Latina, as quais são representadas principalmente por virgens, elencadas no quadro abaixo.

---

2   No original: "instala como regla el ideal ocidental/mariano, el cual "regirá" y "corregirá" a la crioula, a la indígena, a la africana y a la mestiza"

Quadro 1 – Virgens Marianas padroeiras da América Latina

PATRONAS DOS PAÍSES DA AMÉRICA LATINA			
Patrona	País	Patrona	País
N. S. de las Mercedes	Peru	Santa María de la Antigua	Panamá
Virgen de Caacupé	Paraguai	N. S. de La Paz	El Salvador
N. S. de la Caridad del Cobre	Cuba	N. S. de Coromoto	Venezuela
N. S. Rosario	Guatemala	N. S. Copacabana	Bolívia
Purísima Inmaculada Concepción de María	Nicarágua	N. S. Salete	Dominica
N.S. Altagracia	República Dominicana	N. S. de Quiche	Equador
N. S. del Carmen del Maipú	Chile	N. S. de Fátima	Guiana
N. S. Aparecida	Brasil	N. S. do Perpétuo Socorro	Haiti
N. S. Chiquinquirá	Colômbia	N. S. de Suyapa	Honduras
N. S. Guadalupe	México	N. S. da Divina Providencia	Porto Rico
N. S. Lujan	Argentina	Virgem dos Trinta e Três	Uruguai
N. S. de los Angeles	Costa Rica	N. S. de Fátima	Suriname

Autor: Elaboração própria (2021).

Esse espaço hegemônico feminino das patronas latino-americanas pode ser compreendido a partir da representação arquetípica da Grande

Mãe de Jung (2003), enquanto acolhedora, protetora e fecunda. Tais características fazem parte do caráter elementar da Grande Mãe, a qual:

> [...] demonstra a tendência de conservar para si aquilo a que deu origem, e envolvê-lo com uma substância eterna. Tudo o que dele nasceu lhe pertence, continua sujeito a ele, e mesmo quando o indivíduo se torna independente, o grande feminino relativiza essa autonomia, tornando-a uma variante secundária de seu existir, enquanto grande feminino (NEUMANN, 1999, p. 36).

O autor enfatiza que essa elementaridade do feminino pode ser definida enquanto matriarcal, a partir dessa relação de dependência estabelecida pela figura arquetípica da Grande Mãe. Entretanto, quando tal elemento é aliado ao caráter religioso a partir das virgens, esse matriarcado não necessariamente gera o rompimento da ordem vigente, ditando as regras de comportamento, de ideais familiares a serem seguidos e de restrições ao corpo, como enfatiza Antivilo (2015).

Carballo (2010) destaca que na América Latina as diferentes conexões contemporâneas do religioso não deixam de estar vinculadas com as esferas culturais, sociais e políticas decorrente das raízes históricas e espaciais. O que estará visível nas patronas, como enfatizado anteriormente, bem como nas representações decorrentes de seu culto, como nas novenas e celebrações de datas festivas, e nas marcas concretas espaciais existentes nos templos. Um exemplo mais pontual dessa representação concreta pode ser visualizado na *Basílica del Voto Nacional*, em Quito – Equador, onde há um espaço reservado para exposição de todas as estátuas das virgens padroeiras de cada país, como podemos visualizar na imagem a seguir (Figura 1). Além dos totens construídos em devoção, e dos próprios templos que se multiplicam em vários países.

Ainda em Quito, no *Panecillo*, local com mais de três mil metros de altitude, portanto naturalmente de vista privilegiada, temos demarcado na paisagem a construção de uma escultura gigante em alumínio, *La Virgen del Panecillo* ou *La Virgen del Apocalipsis* (Figura 2). A construção de mais de 40 metros da Virgem de Quito, construída em 1975, é baseada na descrição bíblica do livro de Apocalipse, onde a Virgem Maria é caracterizada com asas e tem abaixo de seus pés uma cobra, representando sua vitória sobre a besta fera, a figura demoníaca. Nesse sentido, se apresenta como a figura justiceira, líder espiritual que enquanto autoridade religiosa tem poder para espantar o mal e proteger seus filhos de todos os males do mundo.

Figura 1 – Patronas da América Latina na Basílica del Voto Nacional

Fonte: Aguiar (2019)³.

---

3 Na sequência de fotos acima, estão consecutivamente representadas as virgens do Peru, Paraguai, Cuba, Guatemala, Nicarágua, República Dominicana, Chile, Brasil, Colômbia, México, Argentina, Costa Rica, Panamá, El Salvador e Venezuela.

Figura 2 – La Virgen del Panecillo / Quito – Equador

Fonte: Chasqui (2019).

Resgatar essa representação espacial a partir da instância oficial, a igreja católica, nos é pertinente para lembrar que "a memória se enraíza no concreto, no espaço, no gesto, na imagem, no objeto". (NORA, 1993, p. 9). E como tal, se reelabora diante dos silêncios que essa representação perfeita em sua bondade e retidão proporcionam ao feminino. Antivilo (2015) afirma que:

> A colonização do corpo implicou para as mulheres indígenas e africanas silêncios, abusos, sua utilização como mão de obra barata, escravidão sexual, e viver na servidão e escravidão, monogamia, e na construção da ideologia da miscigenação, ideologia que se baseava na exploração e estupro de mulheres, indígenas e africanas (ANTIVILO, 2015, p. 39, tradução nossa)[4]

---

4 No original: "La colonización del cuerpo implico para las mujeres indígenas y africanas silencios, atropellos, su uso como mano de obra barata, esclavitud sexual, y vivir a toda a la servidumbre y al esclavismo, a la

Essas violências simbólicas passam a ser reelaboradas e representadas por meio de imagens transgressoras dessa religiosidade institucional, algumas de forma mais pontual ou específicas. Um exemplo pode ser visualizado na imagem feminina de cabelos escuros longos e vestido branco, que recai sensualmente sobre seu corpo deixando marcado seus atributos físicos com os ombros amostra, carregando na mão uma cesta onde se encontra uma criança. A imagem descrita retrata *Nuestra Patrona de la Cantera*. A Patrona é protetora de trabalhadoras sexuais de Quito – Equador, bem como para a comunidade LGBTQI+. A patrona tem sua origem a partir de um projeto do artista equatoriano Fernando Falconí, elaborado em conjunto com profissionais do sexo do Centro de tolerância do bairro *La Cantera*, centro-oeste de Quito (AVILA, 2010). A imagem compõe atualmente uma exposição do Museo Nacional (MuNa), em Quito, onde mostra o processo de criação de sua imagem e sua vinculação com a identidade nacional. A Patrona, ao representar um símbolo de devoção não oficial de um grupo marginalizado e periférico integra esse movimento de rebeldias estabelecido entre o sagrado e o profano, como propõe Antivilo (2015) em sua crítica ao silenciamento e as violências impostas ao feminino, caminhando para uma compreensão menos dicotômica a partir de um sacro-profano (OLIVEIRA, 2012), que se multiplica não apenas na representação da Patrona Equatoriana, mas em outras nacionalidades e festividades.

Um outro aspecto a ser observado na representação mariana são os hibridismos que surgem a partir do processo de difusão da religiosidade cristã impostas na colonização da América Latina, sobrepondo elementos dessa religiosidade cristã a símbolos indígenas, por exemplo. Méndez (2016) relata a dificuldade de compreensão por parte das missões religiosas de conceber os elementos naturais como deidades femininas, enquanto símbolos sagrados de culto religioso, como a montanha, a terra, associadas a devoção a *Pachamama, la madre*. "Os missionários aproveitaram a associação de certos lugares com o sagrado para a construção de igrejas, gerando cultos por meio da imposição de símbolos" (MÉNDEZ, 2016, p. 9, tradução nossa)[5]. O autor enfatiza que esse processo de sobreposições simbólicas fez com que essas diferentes concepções do sagrado estivessem mais próximas da lógica do catolicismo.

Essa relação pode ser vista na cidade colombiana de *Ipiales*, Departamento de Nariño. O *Santuário de la Virgen de Las Lajas* está aninhado no cânion do rio *Guáitara*, onde a imagem da *Virgem de Las Lajas* encontra-se

---

monogamia, y a la construcción de la ideología de mestizaje, ideología que se hijo con base en la explotación y violación de las mujeres, indígenas y africanas".

5   No original: Los misioneros aprovecharon la asociación de ciertos lugares con lo sagrado para construir iglesias, generando cultos por medio de la imposición de símbolos.

pintada nas rochas, onde foi construído seu templo (Figura 3). Méndez (2016) ressalta que a cidade possuía importância estratégica para o processo de colonização e evangelização enquanto rota de passagem, por sua localização na fronteira entre Colômbia e Equador. Aliado a isso, está a história que conta que a virgem teria aparecido para uma índia que havia clamado por proteção ao se esconder nas grutas da região considerada perigosa; em um segundo momento, ao voltar ao local com sua filha que era surda-muda, a menina teria falado *"mamita la mestiza me llama"* pois a virgem lhe apareceu novamente; por último, sua filha havia ficado enferma e falecido, e ao levá-la a gruta para clamar novamente pela virgem, a mesma a teria ressuscitado.

Figura 3 – Altar do santuário de N. S. de Las Lajas em torno de sua pintura

Fonte: Aguiar (2019).

Outros relatos vão ser encontrados quanto às aparições e milagres que surgem a partir das oferendas e devoções ofertadas na gruta, até a construção do santuário, que alimentaram e fortaleceram a devoção à virgem. O que não se perde de vista é a relação do local da aparição a tradições anteriores de cultos indígenas, e todo o contexto destacado na construção do imaginário mítico-religioso que constitui a devoção.

Um processo semelhante dessa sobreposição no processo de colonização e construção desse imaginário mítico-religioso também é visualizado na Devoção a Nossa Senhora de Guadalupe, no México. A virgem teria aparecido a um morador local indígena, e deixado suas feições gravadas em um tecido. O local de sua aparição foi na mesma colina onde a deusa Tonantzin era venerada pelos indígenas. A divindade feminina era a mãe terra protetora do território e de seus povos habitantes antes da conquista espanhola. Essa sobreposição se constitui como um elo importante para a solidificação das tradições religiosas e da dominação espanhola, ao fortalecer a devoção plasmando os elementos presentes na cultura indígena com as novas práticas religiosas. Na imagem abaixo (Figura 4), é possível visualizar a imagem que teria sido gravada em tecido, a qual fica exposta no altar do Santuário que compõem o complexo religioso em devoção à virgem.

Figura 4 – Altar do santuário de N. S. de Guadalupe / México

Fonte: Chasqui (2016).

No Brasil, o surgimento da imagem de Nossa Senhora da Conceição Aparecida, encontrada no fundo do Rio Paraíba, é um fato importante para constituição da devoção brasileira à Virgem Maria Mãe de Deus, bem como para o processo de irradiação religiosa para uma população que se conformava sob o mito da miscigenação de seus povos indígenas, africanos e portugueses, o que foi fortalecido pela imagem da virgem ser negra. Assim, a figura feminina e negra ganha status de símbolo nacional para todas etnias e classes sociais que constituem o Brasil, como um ícone religioso importante para o mito da democracia racial, pois a devoção se estende a todos.

É válido destacar que para os povos afrodescendentes, o culto aos orixás, assim como no caso das deusas indígenas visualizadas nos exemplos anteriores, foi silenciado no processo de colonização. Oxum, que no sincretismo religioso é associada à Nossa Senhora da Conceição Aparecida, também é mulher negra e senhora das águas doces, sendo uma figura religiosa importante na religiosidade afro-brasileira. Entretanto, no caminho inverso dos ideais ocidentais de pureza da virgem imaculada, Oxum é também símbolo de fertilidade, beleza e sensualidade, revelando uma dimensão considerada sacro-profana.

1.2 Interseções simbólicas e justaposições nas representações festivas

As festividades apresentam em sua construção sentidos e vivências próprias, característicos dos movimentos e performances construídos a partir dos elementos simbólicos demarcados na dimensão espaço-temporal. As paisagens festivas refletem significados próprios que compõem a narrativa histórico-cultural dos sujeitos que estabelecem os fluxos comunicativos na elaboração da festa. Tais manifestações encontram em seu imaginário simbólico justaposições que refletem as influências carregadas nessa narrativa, com múltiplas relações e interpretações.

Tendo em vista a heterogeneidade vivenciada nas manifestações culturais da América Latina, o desafio de encontrarmos um elemento único que consiga abarcar a representação simbólica que compõem esse universo se faz constante. A busca por demarcadores identitários nacionais nos países da América Latina é perceptível diante dos interesses e influências político-econômicos vivenciados por cada um, decorrentes também do seu processo de independência. Hall (2011) enfatiza que "uma cultura nacional é um *discurso* – um modo de construir sentidos que influencia e organiza tanto nossas ações quanto a concepção que temos de nós mesmos" (2011, p. 50, grifo do autor), o que irá reverberar nas manifestações de cada nacionalidade.

Considerando essa influência das identidades, sem perder de vista a perspectiva do feminino, alguns paralelos podem ser traçados nas exemplificações adiante, que em certa medida revelam os traços lusitanos/ hispânicos e as formas de reelaborações simbólicas que atravessam a latinidade nas festividades.

Um primeiro exemplo a considerar nesse processo de reelaborações simbólicas a partir da figura do feminino é *Nzinga Mbandi*, Rainha de Ndongo (Angola), símbolo de liberdade por defender seu povo e enfrentar a escravidão, fato que marcou a história dos africanos e seus descendentes em terras brasileiras, mais tarde ressignificadas e teatralizadas nos "Autos de Congo" nas irmandades negras do Ceará no século XIX (MARQUES, 2008) pelos escravos libertos e seus descendentes.

Tal enredo é hoje considerado um dos pontos de surgimento dos grupos de Maracatus de Fortaleza -CE, os quais possuem amplo destaque no carnaval da capital, diante de sua forte tradição, sonoridade e significados atribuídos pelos brincantes:

> Os maracatus rememoram a coroação de reis e rainhas negras. O mesmo é caracterizado como representação de uma corte da realeza africana, que desfila em cortejo ao som de loas e instrumentos de batuque junto à porta estandarte, índios, batuqueiros, baianas, balaieiro, orixás, calunga, casal de preto velho, a corte real, com as princesas, o rei e rainha, figura máxima do maracatu, tendo como ápice do cortejo à sua coroação (AGUIAR, 2017, p. 14).

Assim como nos Autos de Congo, os Maracatus têm como representação máxima de seu cortejo a sua Rainha, o que vai de encontro às representações patriarcais hegemônicas, além de ter em seu cortejo demais figuras representativas de forte simbolismo. A Rainha do Maracatu tem destaque na composição do desfile, realizando o cortejo com vestimentas ricamente adornadas, como podemos ver (Figura 5), reverenciando aqueles que assistem atentamente a sua passagem e aguardam a sua coroação, ponto ápice das apresentações. Sobre a performance da coroação realizada, Costa (2009) afirma que "tornou-se historicamente significativa por trazer a cena a concretização, os significados que estabelecem, no plano do ritual o elo com a ancestralidade, a evocação dos reis negros africanos no Brasil" (2009, p. 166).

Figura 5 – Rainha do Maracatu / Desfile 2019

Fonte: Aragão (2019)[6].

Além da representatividade evidente da figura da Rainha, as loas entoadas nos desfiles trazem a religiosidade sincrética em suas composições por meio dos Orixás, divindades presentes nas religiões afro-brasileiras, oriundas das religiões de matriz africana, que são homenageados de forma recorrente. A presença é marcada não apenas nas loas, mas também na composição do desfile, representados na presença da ala dos orixás paramentados com suas cores e objetos sagrados característicos de cada divindade.

Esse componente se faz importante não apenas por apresentar um traço da cultura brasileira a partir da religiosidade, mas por exibir também sua face heterogênea por meio dos hibridismos culturais e sincretismos religiosos. Sobre isso, é interessante observarmos na loa a seguir a relação estabelecida entre Iemanjá, orixá homenageado pelo grupo de Maracatu Nação Pici no desfile de 2016, com Nossa Senhora de Assunção, Santa padroeira da cidade de Fortaleza. É possível perceber a dimensão do sagrado estabelecido na relação entre as duas figuras religiosas, alinhavadas a partir da musicalidade enfatizada na letra a partir do tambor, reverberadas nos elementos naturais da

---

6   Disponível em: http://redeoppala.blogspot.com/2019/03/carnaval-de-fortaleza-maracatu-na.html?m=1. Acesso em: 16 mar. 2021.

água e da terra, a primeira associado a Iemanjá, e a segunda a Nossa Senhora de Assunção.

> Loa Nação Pici – 2016
> *Se o tambor bate no mar é de Iemanjá*
> *Se o tambor pulsa no chão é de Assunção (2x)*
> *Sou de maracatu que tem o balanço do mar*
> *Do sol o brilho do chão a força Yèyé omo ejá*
> *Do sol o brilho do chão a força Yèyé omo ejá*
> *Maracatu tambores rufando no mar*
> *Maracatu da guia de Iemanjá*
> *Maracatu tambores pulsando no chão*
> *Maracatu da glória de Assunção*
> [...]
> *Tambores de agosto por Fortaleza*
> *Terra de Assunção*
> *Batuques de roda do mar és senhora*
> *Yèyé omo ejá*
> *Axé, axé Odoyá (2x)* [...]⁷

Além dos orixás, as composições das loas entoadas também trazem homenagens a figuras representativas da história do povo negro, como a Escrava Anastácia e Dandara dos Palmares, que assim como a Rainha *Nzinga Mbandi* possuem uma história de luta e resistência. Aqui, podemos relembrar de outra figura símbolo da resistência e libertação dos escravos, a *La fiesta de la Mama Negra*, celebrada na cidade de *Latacunga* – Equador, a qual desfila pelas ruas a cavalo com sua comitiva carregando oferendas dedicadas a *Virgen de la Merced*. Dentre os vários mitos associados a *Mama Negra* e sua manifestação festiva, Schneider (2007) afirma que:

> A Mama Negra simboliza dentro do desfile uma escrava libertada das minas, que agradece a ajuda da Virgem Maria (Paredes Ortega 1998). Neste papel é apresentado o caminho para a liberdade e ela mesma passa por uma transformação: de rainha moura oprimida a redentora dos escravos negros (SCHNEIDER, 2007, p. 158, tradução nossa)⁸

A semelhança encontrada entre as narrativas das duas figuras máximas representativas das duas manifestações, a Rainha do Maracatu cearense e a

---

7   Maracatu do Mar (Loa Nação Pici 2016). Autoria: Oco do Mundo/ Auri d'Yruá/ Robério Araújo.
8   No original: "la mama negra simboliza dentro del desfile a una esclava liberada de las minas, que agradece a la Virgen María por su ayuda (Paredes Ortega 1998). En esta función se presenta el camino hacía la libertad y ella misma experimenta una transformación: de reina mora oprimida a redentora de los esclavos negros".

Mama Negra de *Lacatunda* pode ser visualizada também na estética, apesar dos pontos de origens e significados serem diferentes em muitos aspectos. Entretanto, se sobressaem as questões religiosas e simbolismos identitários, com traços marcantes das culturas indígena, espanhola, portuguesa e africana que estão justapostas na cultura latino-americana. No Maracatu cearense, as baianas carregam a boneca na mão chamada de calunga, que pode ser visualizada abaixo (Figura 6), com as vestes brancas. A calunga é símbolo de ancestralidade, a qual carrega a força do maracatu, sua energia, e sua potência espiritual. A *Mama Negra* também carrega uma boneca com as vestes semelhantes, a mais nova de seus três filhos, anunciando sua fertilidade ao povo.

Figura 6 – Baiana e Calunga no Maracatu/CE

Fonte: Aragão (2019)[9].

Uma outra figura importante no Maracatu cearense é o balaieiro, usando vestidos coloridos com adornos no corpo, carrega na cabeça uma cesta,

---

9   Disponível em: http://redeoppala.blogspot.com/2019/03/carnaval-de-fortaleza-maracatu-na.html?m=1. Acesso em: 16 mar. 2021.

chamada de balaio, abastecido com frutas tropicais, como abacaxi, manga e banana e algumas flores, representando toda a fartura e fertilidade do grupo (Figura 7). Resgata-se a tradição de apresentar os frutos da terra a seu público espectador como oferta, anunciando a boa colheita. O gesto nos lembra a representação da fertilidade da Grande Mãe, enquanto Mãe Terra, *La Pacha Mama*, divindade presente nas ritualidades religiosas da comunidade andina.

Figura 7 – Balaieiro Maracatu Cearense

Fonte: Aragão (2019)[10].

---

10 Disponível em: http://redeoppala.blogspot.com/2019/03/carnaval-de-fortaleza-maracatu-na.html?m=1. Acesso em: 16 mar. 2021.

Na cidade de *Humahuaca*, na Argentina, a vinculação da festa carnavalesca com a *Pachamama* é uma característica marcante do carnaval humahuaqueño. Apesar da variação de rituais e expressões presentes nas festividades, qualidade essa das festas carnavalescas em geral, a maioria dos grupos realizam ritos que tem como origem o culto a *Pachamama* nas antigas festas agrícolas, com destaque para *"el Desentierro del Carnaval"* e *"el Entierro del Carnaval"*, que correspondem a abertura e encerramento da festa. Tendo como ponto de intersecção estabelecido o arquétipo da Mãe Terra, é necessário pontuar que mesmo enquanto festa carnavalescas, no carnaval de *Humahuaca*:

> a crença na *Pachamama* constituiria um elemento coeso e fundamental para a construção identitária deste grupo como depositário de uma tradição "ancestral" muitas vezes definida em termos étnicos (PODJAJCER; MENNELLI, 2009, p. 79, grifo do autor, tradução nossa)[11]

Isso reforça a multiplicidade de forças motrizes que constituem a festa carnavalesca, e agregam diferentes elementos frente a sua característica de transgressão às ordens do cotidiano proposta pela temporalidade do carnaval, a partir de uma narrativa simbólica "às avessas" dos cultos e cerimônias religiosas (BAKHTIN, 2008). Ao analisar as representações dos rituais realizadas pelos agrupamentos carnavalescos humahuaqueños, Podjajcer e Mennelli (2009) afirmam que os integrantes vinculam a expressão da festividade "sobretudo pela centralidade da *Pachamama* no ritual e destacam a sua celebração como ato de resistência étnica e cultural contra a dominação espanhola, esta última conduzida no plano religioso pela Igreja Católica" (2009, p. 77, grifo do autor, tradução nossa)[12]. Isso reforça o pertencimento à manifestação pelo viés identitário, na crença a *Pachamama* como mantenedora e símbolo ancestral da festividade. E reforça ainda a existência de múltiplos sentidos ligados a manifestação carnavalesca, como o religioso, ao trazer a tradição dessas crenças para a composição da paisagem festiva.

Assim como em *Humahuaca*, o carnaval boliviano da cidade o *Oruro* tem também sua festividade marcada antes da conquista hispânica pelo culto à Mãe Terra, *La Pachamama,* por comunidades indígenas, além do Deus *Tío*. Entretanto, a colonização hispânica e o sincretismo religioso entre a

---

11 No original: "[...] la creencia en Pachamama constituiría un elemento cohesionador y fundamental para la construcción identitária de este grupo en tanto depositario de un tradición «ancestral» definida muchas veces en términos étnicos"

12 No original: "[...] em especial por la centralidad de Pachamama en la ritualidad y subrayan su festejo como un acto de resistencia étnica y cultural contra la dominación española, esta última conducida en el plano religioso por la Iglesia Católica"

religiosidade católica e as divindades indígenas trouxeram reelaborações simbólicas presentes hoje na comemoração da festa.

Na história da cidade, consta o relato que a *Virgen del Socavón* teria auxiliado um homem ferido nas minas de *Oruro*, ganhando destaque entre os mineiros da cidade como símbolo de proteção, o que fortaleceu sua devoção, bem como as festas realizadas em sua homenagem, mais tarde teatralizadas na luta do bem contra o mal. No cenário carnavalesco, os símbolos católicos da *Virgen del Socavón* e o *Diablo* se mesclam com o culto a *Pachamama* e *El Tio*. Assim, ambas figuras femininas estão à frente da festividade como símbolo de proteção a cidade, celebradas com diferentes performances, fantasias e sonoridades:

> [..] a Virgem de *Socavón* e a Deusa da *Pachamama* estabelecem a motivação mística fundamental para a apresentação da maioria das agremiações. A partir da sexta-feira de Carnaval, *El Tío de la mina* e sua *Challa* (oferenda), como personagem de abertura, se converte nas figuras do demônio [...] e precisa das forças celestiais e coloniais, como as do Arcanjo São Miguel, dos conquistadores espanhóis, dos guerreiros Incas, colonos e dos morenos (os africanos escravizados). (OLIVEIRA; PAIVA; FERREIRA, 2021, p. 79, grifo do autor)

Esse confronto de forças é celebrado com máscaras, adereços coloridos, bordados, em uma procissão realizada por grupos de *Diabladas, Tinkus, Llameradas, Caporales,* dentre outros. Essa dualidade entre o bem e o mal expressa pela figura da *Pachamama / Virgen del Socavón*, enquanto a Mãe Terra bondosa, fecunda e protetora, contra a maldade e suas criaturas infernais representadas no *El Diablo / El Tío* presentes mais abaixo da terra, no subterrâneo sombrio, pois também colocam em confronto as figuras do feminino e masculino.

É interessante perceber que a relação entre as festividades está atravessada pela prática devocional enquanto componente marcante de seus patrimônios festivos, bem como as formas de ressignificação utilizadas nas expressões festivas, que inicialmente não se apresentam necessariamente como festas demarcadas institucionalmente enquanto religiosas, mas que trazem as intencionalidades e símbolos presentes na vivência do espaço. Além disso, a marca colonial também se faz presente, tanto no processo de tentativa de silenciar as práticas culturais/religiosas, que emergem nos hibridismos e sincretismos, como também nas influências modernas de silenciamento midiático e ausência de políticas culturais que reforcem o potencial das manifestações enquanto celeiro produtor de latinidades.

1.3 Reelaborações culturais na profusão de paisagens festivas

Apesar dos casos brevemente expostos não serem necessariamente representativos da cultura nacional de seus países, do ponto de vista político-midiático (OLIVEIRA, 2012), os exemplos nos ajudam a perceber as formas que a cultura popular e o patrimônio cultural reverberam a diversidade do seu sistema de representações. Canclini (2003) destaca o esforço em associar o popular com o nacional, o que teria nutrido a modernização das culturas latino-americanas. "Realizada primeiro sob a forma de dominação cultural, logo depois como industrialização e urbanização sob modelos metropolitanos, a modernidade pareceu organizar-se em antagonismos econômico-políticos e culturais" (CANCLINI, 2003, p. 310). É interessante resgatar a contribuição do autor, pois apesar de visualizarmos os traços da herança colonial nas festividades, também vemos formas de transgressão que se revelam nos hibridismos religiosos e principalmente na resistência do fazer festivo enquanto enfrentamentos do cotidiano.

Tais rituais festivos se apresentam enquanto formas de entendimento e de ações, que no contexto histórico-cultural colaboraram na tomada de poder da população das narrativas e dos processos simbólicos que afetaram as vivências. Em certa medida, a interferência espano-lusitana reforçou as ideias patriarcais, o que refletiu diretamente nas relações estabelecidas pelo feminino como a natureza, a casa, a maternidade (ANTIVILO, 2015) que se apresenta nos exemplos explorados, mesmo com particularidades que fujam a essas cristalizações diante dos enfrentamentos as representações religiosas oficiais, da luta contra a expansão da escravidão, nas resistências dos ritos e crenças.

Compreender essa paisagem festiva a partir do feminino na América Latina, perpassa explorar essas contradições e abrir espaços para outras reflexões que não se esgotam apenas nos exemplos abordados, mas no universo simbólico festivo rico que compõem o continente, para além da cristalização de representações unitárias homogeneizadoras, com articulações que emanem da cultura popular e principalmente do poder público e suas instituições. Dar visibilidade às manifestações regionais e a cultura popular local é também colocar em destaque as representações desse feminino, abrindo caminho para outras expressões silenciadas no processo de valorização patrimonial.

CAPÍTULO 2

NOSSA SENHORA DE LOURDES E O MODELO DEVOCIONAL TERAPÊUTICO

O caminho aqui traçado considera a relação entre as faces do imaginário religioso, a devoção mariana e o modelo devocional terapêutico de Machado (2020). Deste modo convida ao leitor a revisitar aspectos do imaginário, as aproximações com a psicologia profunda de Carl Jung (1875-1961) e o modelo devocional terapêutico como perspectiva de abordagem para compreender a paisagem religiosa e terapêutica como uma leitura qualitativa da saúde.

Em evidência está a análise da irradiação da devoção mariana à Lourdes nos municípios de Chaval (CE) e Lagoa do Piauí (PI). Neste sentido, à luz do catolicismo e da religiosidade popular analisamos os sujeitos e suas práticas enquanto coletividade a partir da participação em rituais e festividades que evocam a cura de doenças, ou seja, a busca pela saúde através de práticas terapêuticas demarcadas no espaço-tempo festivo. Nessa perspectiva, dialogamos tanto com o resgate da compreensão do feminino enquanto arquétipo da Grande Mãe de Neumann (1999), quanto com os aspectos devocionais para a análise dos elementos que compõem os lugares e imaginários simbólicos terapêuticos.

Neste sentido, temos a composição do imaginário da saúde considerando a devoção mariana como um caminho para a leitura de um modelo devocional turístico-terapêutico. Diante do que foi colocado, como pensar nos sujeitos e suas atitudes com relação à saúde? Pensar a saúde, seja pela cura ou processos terapêuticos, é também pensar nos caminhos e estratégias humanas e sobre--humanas. Ao apresentar os aspectos devocionais sacro-profanos, queremos evidenciar a comunicação, a relação próxima e de coexistência dos elementos simbólicos que constituem esse modelo devocional terapêutico.

Com uma breve apreciação dos aspectos simbólicos na composição do imaginário religioso, empreendemos numa análise que considera os caminhos que perpassam desde os estudos mitológicos e as contribuições da Psicologia Analítica para a compreensão do arquétipo feminino até chegar à perspectiva da devoção mariana. Neste sentido, perceber qual o olhar da Igreja Católica Apostólica Romana (ICAR) sobre Maria, mostra-se pertinente, mas não se traduz como única fonte. O catolicismo popular e os diversos olhares sob a devoção a Nossa Senhora contribuem para uma leitura ampliada. Diante das representações desta devoção e num diálogo constante entre geógrafos e demais teóricos das Ciências Sociais e Humanas, a religiosidade em suas diversas práticas terá sob o nosso olhar a perspectiva do imaginário da saúde, levando em consideração os valores e espacialidades dos devotos em busca de cura ou atenuação de seus males ou daqueles que os cercam.

2.1 Faces do imaginário religioso

O estudo sobre o significado dos símbolos e a ligação do homem com estes elementos (GIL FILHO, 2012; JUNG, 1964) permite a reflexão e, por vezes, responde a algumas inquietações acerca das necessidades de se compreender a origem da criação do universo e o comportamento do homem religioso. Para a formulação de uma estrutura base, precisamos discutir os aspectos do homem e sua psique bem como as vinculações com os objetos e seus símbolos.

Os mitos, tomados como base cultural para as sociedades, carregam em seus enredos os modos de pensar e um conjunto de valores a serem transmitidos. Essa referência mitológica terá em Campbell (2007) exaustivos exemplos do mito da criação do universo, de uma cosmogonia.

A partir da busca pela compreensão da origem do universo, evocamos o pensamento de como as religiões consagradas demarcavam suas crenças, vinculações e formas de legitimação. A discussão no entorno das manifestações do sagrado inclui uma ruptura transcendente, por exemplo, a partir das marcas de uma personificação. Em Eliade (2001, p. 26) têm-se que "[...] a hierofania revela um 'ponto fixo' absoluto, um 'centro'." Percebemos que será a partir deste ponto, onde ocorreu a hierofania, o *homo religiosus* buscará manter-se em constante proximidade com esse universo sagrado (ELIADE, 2001).

Para manter-se nesse universo as diversas formas de estar e dar significado poderá ser compreendida pelos rituais. Pensemos nos cultos pagãos direcionados ao Sol, danças da chuva e cânticos como formas de reverência. Carl Jung (2012) em uma de suas viagens aos povos indígenas *Pueblo* no Novo México nos Estados Unidos percebeu que os indígenas saudavam o Rei Sol, como se o Sol necessitasse daquelas saudações para continuar a brilhar e a fazer o movimento de aparecer e desaparecer. Ao considerar as demarcações espaço-temporais dos eventos hierofânicos ou das manifestações cíclicas da natureza, tem-se em sua repetição uma ode ao evento primeiro. Concordamos assim que "Toda festa religiosa, todo tempo litúrgico, representa a reatualização de um evento sagrado que teve lugar num passado mítico, 'nos primórdios'" (ELIADE, 2001, p. 63).

A cosmogonia expressa como a grande criação do universo, tem amplo espaço nas abordagens mitológicas, "O ciclo cosmogônico costuma ser representado como algo que se repete a si mesmo, um mundo sem fim"

(CAMPBELL, 2007, p. 257). Como num ciclo vital, as transformações perpassam por um concentrar, explodir e expandir até que volte a concentrar e começar um novo ciclo.

Diante da composição em torno dos mitos e das características divinais, os elementos encontrados na natureza tornam-se símbolos sagrados, recebem significados distintos. A árvore, a gruta, a montanha, a água, são elementos que se relacionam com o ciclo vital, a árvore da vida que dá frutos, a gruta como um útero gerador da vida, a montanha que se aproxima do céu, a água que sacia. Os elementos da natureza são para Eliade (2001) o *Axis Mundi*, como fios condutores e fixadores.

A relação entre a compreensão dos mitos e da psique humana pode ser vista em Campbell sob a influência dos médicos e psicanalistas Sigmund Freud (1856-1939) e Carl Jung (1875-1961), ambos reconhecidos por suas contribuições nos estudos do inconsciente, os quais corroboram para as múltiplas formas de interpretação dos símbolos e implicações no homem. Numa dessas implicações, Freud (2017) mostra que do ponto de vista psíquico o homem carrega consigo um sentimento de desamparo e a partir deste sentimento encontrará elementos de ligação com a religião.

Dos fenômenos estudados para a compreensão do inconsciente, em Freud (2017) as grandes rupturas como o parto e outras questões como as frustrações e proibições, são consideradas fundamentais para compreender que na presença do abandono haverá o desejo por proteção, que os desamparos infantis permanecem na vida adulta. "A religião seria a neurose obsessiva universal da humanidade e tal como a da criança, teria sua origem no complexo de Édipo, na relação com o pai" (FREUD, 2017, p. 111). Neste sentido a ausência do pai seria projetada para a presença do Deus, o ser poderoso.

É importante destacar a aproximação de Carl Jung (1875-1961) com os estudos da religião, da religiosidade, dos dogmas e do entendimento dos aspectos da psique humana, sobretudo o seu olhar sob o comportamento humano na coletividade. Embora conscientes de nossos limites dentro da Psicologia Analítica, acreditamos que ao mergulhar em suas reflexões contribuímos para o diálogo entre as diversas áreas das ciências.

A infância, marcada por saúde frágil e idas a instâncias de cura desde os 14 anos, tem-se nos relatos de Jung (2012) uma amostra de suas experiências com o numinoso. Tais elementos, apresentados nos anos derradeiros de sua carreira, são como justificativas de seu esforço para a compreensão dos aspectos da religião e dos sujeitos. Segundo Ulanov (2011, p. 418), "Para Jung, a finalidade da psicologia analítica é ajudar-nos a restabelecer a nossa ligação com as verdades contidas nos símbolos religiosos por meio da descoberta de seus equivalentes na nossa própria experiência psíquica".

Trabalhar com a perspectiva dos arquétipos e do inconsciente coletivo em Jung (1875-1961) corrobora para uma compreensão holística dos fenômenos à medida que compreendemos a existência de algo que se manifesta no ser humano a partir dessa relação existencial no espaço-tempo. Neste sentido, no decorrer das obras do autor, coloca-se que para além do consciente, e do inconsciente em sua porção pessoal podemos analisar os fenômenos a partir das manifestações que permeiam um inconsciente coletivo. Preocupado com recorrente incompreensão do que é esse inconsciente coletivo, Jung (2003) traz a seguinte definição:

> O inconsciente coletivo é uma parte da psique que pode distinguir-se de um inconsciente pessoal pelo fato de que não deve sua existência à experiência pessoal, não sendo portanto uma aquisição pessoal. Enquanto o inconsciente pessoal é constituído essencialmente de conteúdos que já foram conscientes e no entanto desapareceram da consciência por terem sido esquecidos ou reprimidos, os conteúdos do inconsciente coletivo nunca estiveram na consciência e portanto não foram adquiridos individualmente, mas devem sua experiência apenas à hereditariedade. Enquanto o inconsciente pessoal consiste em sua maior parte de *complexos*, o conteúdo do inconsciente coletivo é constituído essencialmente de *arquétipos* (JUNG, 2003, p. 53, grifo do autor).

Para Jung (2011c), os arquétipos são como imagens humanas universais originárias, e para uma melhor compreensão do que é esse inconsciente coletivo, traz um ponto elucidativo sobre os arquétipos: "Isso não quer dizer, em absoluto, que as imaginações sejam hereditárias; hereditária é apenas a capacidade de ter tais imagens, o que é bem diferente" (JUNG, 2011c, p. 77). É salutar perceber a profundidade dessa leitura, a partir da psique, pois ultrapassa o entendimento do comportamento humano e suas relações como uma mera herança cultural adquirida pela vivência, e sim percebendo-a como inerente ao ser humano, que embora manifestada no indivíduo diz respeito a uma coletividade.

Outra perspectiva invoca o pensamento de Jung (2011) ao tratar das funções cerebrais no âmbito coletivo:

> Assim é que se explica o fato de que os processos inconscientes dos povos e raças, separados no tempo e no espaço, apresentem uma correspondência impressionante, que se manifesta entre outras coisas, pela semelhança fartamente confirmada de temas e formas mitológicas autóctones. A semelhança universal dos cérebros determina a possibilidade universal de uma função mental similar. Essa função é a psique coletiva (JUNG, 2011a, p. 35/36).

O autor lançava mão de métodos associativos em seus atendimentos para captar de seus pacientes, respostas para as questões psicológicas inquietantes. Dentre os métodos, a análise dos sonhos contribuía para uma leitura da manifestação do inconsciente do paciente.

Ainda dentro dessa leitura psicológica e que caminha para uma aproximação da relação devocional que será tratada mais adiante, é marcante a leitura de Campbell (2007), Neumann (1999) e Terrin (1996) acerca das mitologias maternas, do homem enquanto ser e a sua ligação à figura materna. Na natureza, por exemplo, o ser humano é aquele que por mais tempo vai depender da mãe, estabelece um contato e uma ligação por um tempo maior, uma dependência para a sobrevivência, diferente do que acontece com os animais (CAMPBELL, 2007). E neste ponto poderíamos pensar no elefante, um mamífero que já nasce e em poucos minutos já consegue erguer-se, movimentar-se sozinho, em pouco tempo já consegue ir ao encontro do alimento, embora esteja cercado de sua manada e precise dela para a sobrevivência num ambiente muitas vezes hostil (selvagem), ele consegue estabelecer uma autonomia diferente da/do ser humano. E sob esse aspecto psicológico[13] Joseph Campbell (2007) compreende que "Daí decorre o fato de a criança dependente e sua mãe formarem, ao longo de meses após a catástrofe do nascimento, uma unidade dual, não apenas do ponto de vista físico, como também no plano psicológico" (2007, p. 17).

Nessa busca incessante pela compreensão do pensamento humano sobre sua existência, Bachelard (1998) e Durand (2004) convocam para uma discussão sobre o imaginário, um desafio ontológico, existencial, de pensar as mudanças de paradigmas da sociedade. Diante de pensadores como Kant em sua crítica a razão pura, Durand (2004) estabelece com profundidade as raízes e o amadurecimento dos estudos sobre o imaginário e, portanto, para a imaginação vão convergir imagens, sonhos e devaneios. Silva (2006) compreende o imaginário como um reservatório/motor. Enquanto reservatório aglutina as experiências, os modos de ser e estar, e enquanto motor é força propulsora. "O imaginário é a marca digital simbólica do indivíduo ou do grupo na matéria do vivido. Como reservatório, o imaginário é essa impressão digital do ser no mundo. Como motor, é o acelerador que imprime velocidade à possibilidade de ação" (SILVA, 2006, p. 12). Esses caminhos percorridos nos levam a refletir sobre a profusão dos significados, da composição do imaginário cercado por símbolos. Para Ruiz (2003) o imaginário manifesta-se sob formas simbólicas. Na diferenciação entre simbólico e o lógico, Ruiz (2003) estabelece:

---

13 Tais assertivas acerca dos traumas da catástrofe do nascimento também são trabalhadas por Donald Woods Winnicott (1896-1971), tendo reconhecido estudo sobre a primeira infância, como em WINNICOTT, Donald Woods. *Natureza Humana*. Tradução de Davi Litman Bogomeletz. Rio de Janeiro: Imago. 1990. 222p.

> O logos analisa, discrimina, organiza, conjuntivamente, relaciona argumentativamente, mas, por si só, não fusiona as partes numa nova unidade de sentido. O símbolo tem como potencialidade própria a *conjunção* das partes fraturadas numa nova unidade significativa. O Simbólico é uma potencialidade própria do imaginário (RUIZ, 2003, p. 134, grifo do autor).

Em Bachelard (1998) evidenciamos essa relação homem – natureza, a partir dos seus devaneios em torno da água e da caverna, sendo esta última em Figueiredo (2010) compreendida pelo imaginário poético bachelardiano da caverna como paisagem simbólica. Em síntese, estabelece-se uma relação metafísica e maternal, na associação da água com o leite materno. Para Bachelard (1998, p. 18) "A imaginação não é, como sugere a etimologia, a faculdade de formar imagens da realidade; é a faculdade de formar imagens que ultrapassam a realidade, que cantam a realidade. É uma faculdade de sobrehumanidade". A imaginação nos permitirá conceber a água não somente como elemento químico com ligações moleculares (H_2O), mas a água que vem da mãe associando-o ao leite que flui do seio maternal assim como a água que nasce da fonte, entendendo que o elo entre mãe e filho alimenta, nutre, conforta e cura. Neste sentido, Gaston Bachelard (1998) parte da imaginação material que todo líquido é uma água e que a partir dos estudos literários considera que toda água é um leite e conclui:

> A intuição da bebida fundamental, da água nutritiva como um leite, da água encarada como o elemento nutritivo, como o elemento que digerimos com evidência, é tão poderosa que talvez seja com a água assim materializada que se compreende melhor a noção fundamental de elemento (BACHELARD, 1998, p. 130).

Seguindo este pensamento, quando uma mãe amamenta, seu leite reage em seu filho proporcionando conforto, saciedade e sonolência, mais que um processo de alimentar e nutrir, um processo de fortalecer os laços como elos sagrados.

Longe de esgotar a discussão sobre os múltiplos aspectos do imaginário religioso, sobretudo nesta base mitológica ou das perspectivas do imaginário e as relações homem e meio até aqui trazidas, partimos para uma apreciação de um cenário geral daqueles que abriram caminho e influenciaram os geógrafos brasileiros nos estudos geográficos do imaginário religioso em meio às dinâmicas dos lugares. Como forma de resgatar os geógrafos que tiveram e ainda têm um papel fundamental para a abordagem da religião na Geografia, Rosendahl (2003) apresenta um conjunto de cientistas sociais como Max Weber, Émile Durkheim, Peter Berger e Mircea Eliade, e de geógrafos como

Pierre Deffontaines, Paul Fickeler, Manfred Buttner e David Sopher, que tomados por diferentes abordagens fizeram parte de escolas do pensamento geográfico e constituíram a base para os pesquisadores que nos influenciam até hoje (CORRÊA; ROSENDAHL, 2003; ROSENDAHL, 2003).

Como referência à Geografia Cultural no Brasil, Claval (1999) abre espaço para essa reflexão ao apontar em nosso cenário, que é diverso, a formação do pesquisador brasileiro e a nossa pluralidade. O cenário, de fato, é rico, e os núcleos de pesquisa consolidam esse entendimento. Dentre eles, o Núcleo de Estudos e Pesquisas sobre Espaço e Cultura (NEPEC), da Universidade do Estado do Rio de Janeiro (UERJ), o Núcleo de Estudos em Espaço e Representações (NEER-Curitiba) e o Núcleo Paranaense de Pesquisa em Religião (NUPPER), ambos ligados à Universidade Federal do Paraná (UFPR), o Laboratório de Estudos Geoeducacionais e Espaços Simbólicos (LEGES) da Universidade Federal do Ceará e o Laboratório de Estudos em Geografia Cultural (LEGEC) da Universidade Estadual do Ceará (UECE). Temos assim nos exemplos de estudos de Zeny Rosendahl a leitura das marcas do religioso impressas no espaço; Sylvio Fausto Gil Filho com o estudo de símbolos e rituais das religiões orientais; Bem como os estudos de Christian Dennys Monteiro de Oliveira com os aspectos patrimoniais de irradiação da devoção mariana em diferentes escalas. Entendemos que esta reflexão está inserida neste cenário, que é múltiplo, preocupado com as dinâmicas devocionais da religiosidade popular, entre sujeitos e lugares simbólicos. Buscando assim, compreender a partir da irradiação da devoção mariana os diferentes elementos simbólicos do imaginário religioso presentes nas manifestações festivas e ou rituais que são analisados.

2.2 O imaginário religioso da devoção mariana

Do ponto de vista do estudo da devoção mariana e para a compreensão desse imaginário religioso, buscamos compreender as bases do Cristianismo, das quais capturados tanto pela narrativa escrita nos documentos do Concílio Vaticano II (1962-1965) como sob a perspectiva histórica do pensamento ocidental em Tarnas (2002). Deste modo, também construímos a análise, em momentos pontuais, sob o olhar investigativo de Alvarez (2015) e a compreensão do arquétipo da Grande Mãe em Neumann (1999).

Amplamente difundida, a história da paixão de Cristo ou a narrativa dos seus últimos dias tem forte apelo e permeia o imaginário cristão. Porém, os desafios para a imposição de uma nova forma de professar a fé acarretará numa série de lutas e resistências, para que os ideais de Jesus Cristo prevaleçam.

As bases do Cristianismo nos levam a reflexão de suas rupturas com o Judaísmo e assimilação cristã das divindades pagãs (OLIVEIRA, 2017; TARNAS, 2002). Em Tarnas (2002), "A assimilação cristã dos mistérios estendeu-se também às inúmeras divindades pagãs, pois conforme o mundo greco-romano gradualmente adotava o Cristianismo, os deuses clássicos eram consciente ou inconscientemente absolvidos na hierarquia cristã [...]" (TARNAS, 2002, p. 130). Em Terrin (1996), os achados arqueológicos de estatuetas de terracota em diversas partes do mundo, como nas bacias do Mediterrâneo e do Indo indicavam o culto à deusa mãe. As apropriações podem ser lidas como estratégias de resistência e irradiação, principalmente quando consideramos, por exemplo, a Virgem Maria no lugar da Magna Mater, Afrodite, Ísis, Perséfone e Gaia ou o Deus pai representando Zeus, Cronos, Urano ou Sarapis (TARNAS, 2002). Associando assim os poderes divinais, quer seja o heroísmo, proteção, coragem e bravura às novas divindades cristãs. Vastos exemplos de nomes e mitos de divindades femininas são associados à Mãe Terra, Terrin (1996) estabelece uma resenha com nomes, mitos e significados destas variações. Concordamos assim que a veneração à Maria será o elo entre cristãos e as religiões pagãs da natureza (TARNAS, 2002). Será Pulquéria, a Imperatriz regente de Constantinopla uma personagem importante para o culto inicial à Maria (ALVAREZ, 2015).

Na perspectiva de estabelecer as bases da figura primordial (arquétipo) da Grande Mãe ou do feminino temos em Jung (2003) e Neumann (1999) elementos para a compreensão psicológica, na esfera do inconsciente, que justificam, até certo ponto, como as imagens primordiais alcançam as sociedades em diferentes épocas, mantendo significados e características no inconsciente coletivo. Jung (2003) enumera as diferentes figuras que podem representar o arquétipo materno, ao trazer desde elementos mais ligados às faculdades humanas e aos papéis desempenhados como a mãe, a mulher, a avó, ou para elementos da natureza, como a árvore, fontes de água, grutas, etc. O autor descreve as características que o arquétipo materno carrega:

> Seus atributos são o "maternal": simplesmente a mágica autoridade do feminino; a sabedoria e a elevação espiritual além da razão; o bondoso, o que cuida, o que sustenta, o que proporciona as condições de crescimento, fertilidade e alimento; o lugar da transformação mágica, do renascimento; o instinto e o impulsivo favoráveis; o secreto, o oculto, o obscuro, o abissal, o mundo dos mortos, o devorador, sedutor e venenoso, o apavorante e fatal (JUNG, 2003, p. 92).

Vê-se nessa perspectiva que num único arquétipo é conferido um conjunto de qualidades. Os elementos citados indicam as múltiplas faces do feminino, do materno, tendo em Neumann (1999) tratado por meio de esquemas o desenvolvimento do que será entendido como "A descrição do arquétipo feminino na sua totalidade" (NEUMANN, 1999, p. 13). Corroborando para um entendimento gradual do desenvolvimento humano acompanhado do desenvolvimento e aprimoramento da consciência para a elaboração das diferenciações entre o arquétipo primordial que é indiferenciado e os outros arquétipos específicos. A compreensão da estrutura do arquétipo feminino sustenta, na perspectiva do imaginário, que diante da natureza psicológica é possível ligar os significados ao comportamento humano e os seus rituais.

A presença do feminino no imaginário cristão pode ser lida no Antigo Testamento (AT) pela figura de Eva, demarcada pela narração da origem universal da humanidade, no mundo criado por Deus. No Éden, o paraíso na Terra, viviam em perfeita harmonia com a natureza Adão e Eva. Até que num dado momento houve uma ruptura daquele ciclo harmonioso, Eva que comera do fruto do conhecimento deu início à desarmonia, o mundo da impureza, do pecado, o fim do paraíso. No Novo Testamento (NT), embora apareça em poucos evangelhos (ALVAREZ, 2015; TARNAS, 2002) a figura de Maria poderá representar o arquétipo do feminino em diferentes aspectos, do virginal, da mãe protetora, do papel de intercessão e o acolhimento.

A compreensão do que Maria representa hoje diante de uma religiosidade popular, está longe de se desvincular de suas raízes pagãs. Como conclui Alvarez (2015):

> Entre os novos cristãos, há cada vez mais fiéis que até recentemente acreditavam nos inúmeros deuses do paganismo, acostumados à ideia de que existe uma divindade diferente para cada tipo de mal e agonia – e haverá quem diga que essa influência jamais abandonará a fé cristã (ALVAREZ, 2015, p. 112).

Neste sentido, pelo aspecto mitológico, as figuras das divindades do Olimpo contribuem também para o entendimento conjuntural dos rituais e dos cultos aos deuses que são lidos hoje através dos rituais cristãos.

Tomando como base os escritos do *Lumen Gentium*[14] e as definições da Santa Sé, o que Maria irá representar para a ICAR? Em síntese, Maria carrega quatro dogmas; Imaculada Conceição, Maternidade Divina, Virgindade Perpétua e Assunção Gloriosa (LUMEN GENTIUM, 1964). Os dogmas correspondem às características que tornam Maria um ser divinal. Imaculada Conceição quer dizer que Maria foi preservada da mancha do pecado original desde a sua concepção, antes do seu próprio nascimento. A virgindade perpétua simboliza

---

14 Lumen Gentium – Constituição dogmática sobre a Igreja Católica Apostólica Romana de 1964.

a sua virgindade, divinamente intocada, recebendo a Graça da maternidade divina e ser a Mãe de Deus. Por fim, com a sua morte, entenderam que por não ter a mancha do pecado, foi levada diretamente aos céus, ao paraíso, sem passar pelo julgamento no purgatório, tendo assim uma assunção gloriosa (ALVAREZ, 2015; LUMEN GENTIUM, 1964). Neste sentido, os dogmas reforçam um olhar sob a virgindade como natureza intocável, fortalecendo o intocado como sagrado.

De acordo com os fundamentos dos dogmas marianos e daquilo que será tomado pela religiosidade popular, compreendemos que Maria será tomada como ponto de intercessão entre os sujeitos e Deus. Essa intercessão ocorre por demandas distintas e nessa perspectiva, Maria será representada por diferentes denominações, tendo o nome de Nossa Senhora como identificação primeira. Os títulos e sua iconografia poderão representar um momento de sua vida, seus dogmas ou locais de aparições: pelos seus dogmas, o título de Conceição, Imaculada, das Graças, Assunção; Durante a passagem pela Paixão de Cristo, Piedade e Dolorosa; O lugar da aparição, Fátima, Lourdes, Guadalupe; Circunstância de interseção ou momento hierofânico, Perpétuo Socorro, Bom Parto, Desterro (MARINO, 1996). A par destas nomeações, a figura de Maria será propagada como acolhedora de seus filhos, o amparo nos momentos de angústia e nas situações conflituosas. Carrega assim uma imagem de acolhimento, proteção, resignação e coragem.

A produção intelectual sobre Maria é significativa, líderes religiosos, leigos e pesquisadores percebem na mística mariana uma fonte de saberes. Impulsionados, muitas vezes, pelo desvendar das forças que mobilizam tantas pessoas e a capacidade de despertar sentimentos profundos de gratidão em forma de devoção.

Entendemos que a devoção e os significados que permeiam este ato pode ser estabelecido ainda nas fases iniciais de desenvolvimento do ser humano, donde a figura a ser objeto de devoção primária de uma criança será sua mãe, aquela que proverá o alimento, estabelecendo uma troca profunda (WINNICOTT, 1990).

Não obstante, na perspectiva da religiosidade popular cristão-católica somos levados à reflexão sobre a devoção e o ser devoto. Relação estabelecida entre o ser humano com o metafísico, transferência de energia por meio de uma ação, um ato de transcendência que se dá ao confiar um voto à divindade. Longe de reduzir, pensar a mecânica da devoção é também pensar nos sujeitos cristãos que num ato devocional que se repete, encontra nele uma forma permanente de troca, ou seja, oferecer votos, sacrifícios, agradecimentos, em troca do perdão ou da salvação.

A citação de passagens bíblicas e a explanação de um cenário com base no Antigo e Novo Testamento aparecem como elementos que consideramos ser estratégicos para o entendimento sobre qual o posicionamento doutrinário da ICAR acerca de Maria. Trata-se apenas de um dos elementos que compõem a análise, tendo em vista as considerações sobre a perspectiva da religiosidade popular. Sendo estes reconhecidos pela capacidade de organizar-se de forma mais independente, com características mais simples num indicativo de maior aproximação com as divindades na busca por um encontro com Deus. Como bem descreveu Silva (2016):

> A religião popular destaca-se também por sua horizontalidade, ou seja, suas expressões não são fruto de definições dogmáticas da igreja institucionalizada, mas do resultado da livre manifestação das camadas mais humildes da população. A religião popular é um campo vasto para pesquisas, uma vez que se expressa de forma multifacetada e sem a rigidez de culto oficial, podendo, desse modo, assimilar elementos das mais diversas matrizes culturais (SILVA, 2016, p. 67).

Diante das experiências que os sujeitos têm no decorrer da vida, em algum momento esse mesmo sujeito será confrontado e/ou ficará diante do religioso, seja pelo meio cultural em que vive, no convívio com família e amigos. Neste sentido, não há interesse direto na compreensão das raízes ou influências que despertaram o sentimento de ligação do sujeito e o objeto de sua devoção. Partimos do entendimento em que a ligação já foi estabelecida e direcionamos o nosso olhar para a compreensão das espacialidades que comportam as práticas socialmente estabelecidas para a manutenção dessa religiosidade.

2.3 O modelo devocional terapêutico

Do ponto de vista da religiosidade popular, filtradas pelo catolicismo, precisamos compreender as diferentes motivações que levam os sujeitos às suas práticas religiosas, o universo de rituais que constitui o exercício do convívio. Apontamos assim para uma leitura desse modelo devocional mariano escrito no espaço-tempo.

Ao trabalharmos com os aspectos devocionais optamos por uma postura ética, sobretudo quanto ao ser e estar em campo. Entendemos que o pesquisador deve estar atento às formas de abordar os sujeitos (devotos, visitantes, moradores) e perceber os momentos em que pode intervir para fazer questões, anotações e até registros de áudios, fotografias ou vídeos (OLIVEIRA; MACHADO; ROCHA, 2018). Essa abordagem nos interessa no momento de dialogar com os sujeitos a fim de saber o que o levou a determinada festividade ou àquela igreja. É preciso ter atenção, sensibilidade e muitas vezes empatia, para captar os motivos que o fizeram chegar até aquele lugar, percebendo até certo ponto os seus principais anseios.

Nessa perspectiva de identificar os principais pedidos dos sujeitos devotos, Rosendahl (2009) classificou os pedidos como um "triângulo das necessidades" dividindo-os em três principais categorias, um primeiro com referências à saúde, outro para as questões de trabalho e moradia e um terceiro para as questões familiares envolvendo o bom convívio e questões matrimoniais (ROSENDAHL, 2009, p. 67).

Em Machado e Oliveira (2017) identificou-se esse triângulo das necessidades por meio de depoimentos, com pedidos que fazem referência a aflições do cotidiano. No geral, há pedidos por cura de doenças, vícios, a conversão de um parente, emprego, concretização de um relacionamento, paz para as famílias e seus lares. Os agradecimentos dirigem-se às graças alcançadas, cirurgias bem sucedidas, emprego e a conquista de bens materiais como casas e carros. Em Machado (2020) agradecimentos por graças alcançadas com predomínio de cura de doenças.

A devoção mariana, como já referimos, está presente em diversos continentes e sob diferentes denominações e os aspectos devocionais a serem analisados podem partir de múltiplas perspectivas. Neste caso, partimos para uma análise da devoção enquanto manutenção da vida pela saúde. Resgatamos que "Sentimentalmente a natureza é uma projeção da mãe" (BACHELARD, 1998, p. 120). Com base nas ideias Bachelardianas temos a água como um dos elementos fundamentais da natureza que nasce nas fontes, corre pelos rios, sacia a sede, o que permite projetar essa relação entre o natural e o maternal. Propomos então um primeiro exercício de análise, tendo como ponto de partida os diferentes sujeitos em sua busca pela cura.

A partir das diferentes vivências em campo, em Machado e Oliveira (2017) capturamos relatos de pessoas que passam por problemas de saúde, que afetam não só o indivíduo, mas por vezes refletem num raio familiar e nas relações interpessoais. Tomemos como referência um conjunto de males relatados em campo; pessoas com doenças crônicas; hipertensão, diabetes, asma, osteoporose. Câncer em seus diferentes estágios, pessoas que sofreram acidentes e tiveram que amputar alguma parte do corpo, outras perderam todos os movimentos ou uma parte deles. Dependentes químicos e os diversos casos de problemas psíquicos. São questões que ocorrem na escala do indivíduo, mas atinge a terceiros diante do suporte necessário para a sobrevivência.

O diálogo com os sujeitos, em meio às novenas de Nossa Senhora de Lourdes em Fortaleza – CE, foi uma das formas encontradas para conhecer um pouco da história de cada um. E nesta perspectiva encontramos pessoas enfermas, outras que foram curadas e outras que rezam por seus entes adoentados ou já falecidos. Neste primeiro olhar, ao ouvir os testemunhos de tantos sujeitos, observamos que essas pessoas possuem, até certo ponto, um suporte familiar; a mãe cuida do filho ou vice e versa a esposa cuida do marido, da sogra, da avó. Levando-nos a refletir, por exemplo, sobre os males causados pelo alcoolismo, algo tão latente, não poderia ser pensado somente pelo lado do dependente, mas de todos aqueles que convivem com aquele sujeito, no nível pessoal e até profissional (MACHADO; OLIVEIRA, 2017).

Ao falarmos da cura, para além de uma superação da enfermidade, também a entendemos como algo mais profundo, que pode acontecer pelo equilíbrio corporal e emocional. Neste sentido podemos pensar em pelo menos duas perspectivas para a análise desta devoção ligada à saúde, a primeira vai considerar o sujeito que se encontra curado e busca permanentemente formas para agradecer; a segunda diz respeito ao sujeito que se encontra com alguma doença e busca incessantemente a sua cura. Porém, enquanto essa cura não vem ele será partícipe daquilo que denominamos terapêutico, suas ações fazem parte do exercício do convívio com a doença, e neste sentido o sujeito revelar-se-á para nós a partir de suas estratégias de convivência, vistas a partir dos rituais, dos seus movimentos e de suas práticas, marcadas no espaço-tempo. Acreditamos que as pessoas em sofrimento e aflitas tendem a buscar por ajuda, um ponto de apoio, e essas demandas podem convergir para igrejas, santuários, templos, etc.

Atentos à construção de Relph (2012, p. 27) se faz "[...] importante compreender que é por meio de lugares que indivíduos e sociedades se relacionam com o mundo, e que essa relação tem potencial para ser ao mesmo tempo profundamente responsável e transformadora." O autor corrobora com um ponto fundamental nesta análise que compreende a leitura do modelo devocional, composta na percepção de uma estrutura templo/santuário similar em sua irradiação, e que propicia esse processo terapêutico. De que forma? Num primeiro olhar podemos pensar que dentro de uma estrutura dita tradicional de uma igreja católica teremos: um altar, as imagens dos santos nas paredes, uma cruz principal representando Jesus Cristo, imagens ou quadros com a representação da via sacra, uma pia batismal, bem como um mobiliário que acolha as pessoas para sentar e participar das celebrações e atividades. Mas de que forma podemos ver esse modelo devocional terapêutico em sua estrutura? Podemos considerar que ao ter como um objetivo maior ser um lugar de acolhimento deverá despertar nos visitantes os melhores sentimentos como a paz, calma, conforto e suas variações subjetivas.

2.4 A dinâmica devocional em Chaval (CE) e Lagoa do Piauí (PI)

Certamente algumas questões podem variar de acordo com as características da devoção. Santuários e templos se apresentam de formas distintas, em Machado (2020) variações percebidas nos períodos festivos evidenciam as características do lugar e da devoção. Do silêncio e introspecção na gruta de Lourdes em Chaval no Ceará a festa com procissão repleta de fogos de artifício e o encerramento com uma missa mais intimista voltada para a reflexão do coletivo. Ou por algo mais festivo, como as celebrações na fazenda da Betânia em Lagoa do Piauí no Piauí, que convida os participantes a cantar e erguer os braços com muito entusiasmo.

A partir das imagens capturadas em campo, temos duas composições (montagem com as fotografias) (Figuras 8 e 9) como forma de apresentar aspectos materiais e imateriais dos santuários de Lourdes em Chaval e Lagoa do Piauí.

Em Chaval, destacamos a gruta artificial construída no topo de uma Pedra[15] e sua composição de cenário com a imagem de N. S de Lourdes e a Santa Bernadette, representando a aparição na cidade francesa em 1858. Outro destaque é a presença de sujeitos vestidos como a santidade devotada, neste caso para o pagamento de uma promessa.

Figura 8 – Composição de imagens do Santuário de Lourdes em Chaval – CE

Fonte: Machado (2020) adaptação da autora (2021). (Imagens de novembro de 2017).

No santuário em Lagoa do Piauí (PI) a gruta de Lourdes foi construída numa propriedade particular, a fazenda da Betânia. Na composição (Figura 9) as imagens de N. S de Lourdes e Bernadette em tamanhos maiores. A presença de grande público no dia de seu festejo (11 de fevereiro) e a presença de devotos tirando fotografias junto dos santos na sala de ex-votos do santuário.

---

15 Maciços graníticos segundo Gorayeb; Lima (2014).

Figura 9 – Composição do Santuário de Lourdes em Lagoa do Piauí – PI

Fonte: Machado (2020) adaptação da autora (2021). (Imagens de fevereiro de 2018).

Ao perceber que estamos diante de sujeitos que se encontram num momento de dificuldade quanto aos aspectos da saúde, quais seriam as suas principais queixas? Dificuldades de locomoção? Ausência ou baixa visão? Dificuldade respiratória? Quais são os seus principais anseios? Agradecer pelo restabelecimento da saúde? Ao pensarmos nesses anseios, quais divindades no universo da religiosidade popular fazem essa ligação direta com a saúde? Podemos citar N.S. da Saúde, N.S. dos Remédios e N.S. de Lourdes, sendo esta última referência mundial para a cura dos enfermos.

Para uma compreensão do modelo devocional mariano, temos em Oliveira (2011) uma rica contribuição na leitura dessa dinâmica devocional a partir do sistema de vetores simbólicos. Uma metodologia que identifica a partir de pares de forças comunicacionais agindo como forças contrárias e interdependentes para materializar-se. Um indicativo de que a existência de uma força não exclui a outra, têm-se então os campos de forças; mítico-religioso, político-turístico e midiático-ecossistêmico atuando de forma associativa. Essa sistematização permite a demarcação de um conjunto de ações presentes nessas dinâmicas. Em Rosendahl (2009) a leitura da materialização do sagrado no espaço diferencia-se em grandes áreas de influência, dentre eles o turístico, o político e o econômico.

Neste sentido a análise da dinâmica do modelo devocional dar-se-á sob uma multiplicidade dos aspectos que permeiam esse fenômeno, como num rastreio inicial de ações envolvidas, para que a dinâmica se estabeleça. Ao falarmos de turismo religioso, compreendemos em sua complexidade os elementos envolvidos desde o caminho percorrido, o lugar de destino e a festividade. Ao considerarmos o turismo religioso de caráter sacro-profano indicamos que embora rotulado e carregado do sagrado também comportará o profano. As ações, não são completamente sagradas, nem precisam ser, o que permite a análise de um conjunto de atividades mundanas; caminhadas, passeios para reconhecimento do lugar, da sua história, contemplação da paisagem, experimentação da culinária local, etc. Estes elementos podem desencadear demandas por serviços de transporte, alimentação e hospedagem. Para Oliveira (2004) o turismo religioso é "como uma peregrinação contemporânea motivada por celebrações relacionadas direta ou indiretamente com a cultura cristã" (OLIVEIRA, 2004, p. 6).

Quando Rosendahl (2009) destaca que as grandes religiões têm como característica a *Hajj* ou a peregrinação até o monumento sagrado, é como pôr em evidência características similares entre religiões. Para Stump (2008) "[...] a interação entre crentes e o espaço sagrado representam um processo fundamental na reprodução cultural mais ampla de um sistema religioso" (STUMP, 2008, p. 329, tradução nossa[16]). Um ato religioso, tanto de ligação como de repetição. Na religiosidade popular o ato de peregrinação é reconhecido como um ato de fé, de afirmação e renovação e a partir deste podemos citar outras formas em que essa renovação se apresenta. Em Stump (2008, p. 334, tradução nossa[17]) "O esforço e os recursos gastos pelos crentes para o alcance desse objetivo refletem claramente o significado cultural da peregrinação, assim como o aumento do status social que em muitas culturas é atribuído àqueles que concluíram esse processo sagrado."

Já Osterrieth (1997) contribuiu para a construção teórica de um vocabulário que descreve e diferencia tipos e etapas, por exemplo, de uma peregrinação. Chamado de *"The Model of the quest"* (OSTERRIETH, 1997, p. 26, grifo nosso) o modelo de busca é composto por um conjunto de valores como; quem busca o que busca e o estado do sujeito no início e no fim da peregrinação. Identificados por referências ou conceitos antropológicos, psicológicos. Adaptado de um quadro de referência, a sequência do modelo compreende uma motivação para alcançar (perdão, milagre, revelação), tipo de peregrinação (remição, terapêutica, mística) e as transformações nos sujeitos

---

[16] No original: The interactions between believers and sacred space represent a fundamental process in the larger cultural reproduction of a religious system.

[17] No original: The effort and resources expended by adherents in achieving this objective cleary reflect the cultural significance of the pilgrimage, as does the increase in social status that in many cultures is attributed to those who have completed this sacred process.

(pecador – resgatado, doente – curado, sozinho – unidade com Deus) (OSTER-RIETH, 1997).

Para Rosendahl (2002, p. 73) "As romarias são, em realidade, manifestações religiosas em que o povo busca uma forma de reivindicar, com maior liberdade, suas crenças religiosas." Ainda como exemplos de religiosidade popular manifesta, têm-se a participação em novenas, acender velas, rezar o terço, levar flores, tocar nas imagens, nos mantos, nas grutas e nos túmulos. Benzer-se, levar as mãos ao alto ou cantar. Ainda com relação às atitudes, quando consideramos as características do catolicismo popular brasileiro, poderíamos apontar exemplos como o pagamento de promessas, pedidos, agradecimentos que se materializam em forma de ex-voto, amarrar fitinhas coloridas, colocar cadeados nas grades em volta dos santos, vestir-se como se fosse a própria divindade. Para Rosendahl (2002):

> O complexo processo de ocupação do espaço brasileiro, feito em momentos distintos, permitiu que o catolicismo no Brasil assumisse características próprias, bastante distintas do catolicismo europeu. [...] predomínio do aspecto devocional dos fiéis, expresso através de romarias, das promessas e ex-votos, das procissões e festas dedicadas aos santos, dão um caráter eminentemente social e popular ao catolicismo brasileiro (ROSENDAHL, 2002, p. 71).

Outras características de demonstrações da devoção dizem respeito às formas de penitência como agradecimento, o percorrer longos caminhos a pé, de joelhos. Sozinhos ou em caravanas, de bicicleta, moto, carro ou ônibus. Percebemos assim que a devoção cerca-se de elementos que perpassam por diferentes áreas, e neste sentido as estruturas envolvidas também são múltiplas, desde a capacidade, estrutura e organização dos lugares que receberão o público como os meios de transporte. Isso desencadeia a mobilização por políticas públicas de investimentos para promoção da cultura.

Em síntese, ao nos debruçarmos sobre a devoção, levamos em consideração os sujeitos, o numinoso e a estrutura envolvida, que dinamiza e relaciona o ser e o metafísico. Exemplos de devoção podem ser exaustivamente apresentados, das experiências vividas pelos sujeitos, suas motivações, crenças e as formas de manutenção destas. Entendemos que a leitura desse modelo devocional pode ser feita, simultaneamente, pela busca de uma totalidade interpretativa, mas também na identificação de algumas especificidades. Como aquelas em que se discutem a devoção pelas festividades, a partir dos ciclos festivos, os meios de locomoção, as formas de peregrinações e ou tipos de paisagens. Em meio às especificidades, nos chamou atenção a questão da saúde, o apelo, o clamor presente com tanta clareza, vistas a partir dos pedidos e agradecimentos, desta forma propomos essa leitura, da ação dos sujeitos no espaço-tempo em busca dessa cura.

CAPÍTULO 3
ARQUÉTIPO AFROFEMININO DO LITORAL PACÍFICO COLOMBIANO

O arquétipo das mulheres negras do Pacífico colombiano parte da interpretação e análise do conceito de *Anima* de Jung (2003), que o denominou como uns dos arquétipos do feminino no inconsciente coletivo, representando as formas preconcebidas que atuam sobre o indivíduo, suas ações e comportamentos, sendo a Grande Mãe e *Anima* os arquétipos que tem efeitos. Por exemplo, em emoções negativas e positivas, em fascinações e projeções (NEUMANN, 1999, p. 19) que ficaram como resultado do processo de colonização na América Latina, determinando os espaços que as mulheres negras deveriam ocupar e papéis desempenhados na sociedade colombiana.

Por outro lado, a *Anima* como uma figura de transformação, permite pensar o Pacífico feminino como parte fundamental da construção da nação e sociedade colombiana, assim como das Comunidades Negras no Pacífico contemporâneo, remanescentes da riqueza cultural da diáspora africana que permaneceu na Colômbia e que pode ser visitado.

Desta forma, a análise do arquétipo da mulher negra a partir do conceito da *Anima* proporciona três interpretações, a primeira ligada às projeções negativas e a construção da imagem do feminino negro no imaginário colombiano, que parte das preconcepções europeias sobre o feminino, fundamentado nos valores, crenças, mitos e religião, que nega a partir do feminino branco e mariano as outras formas femininas, como indígenas e negras.

Desta maneira, constitui-se a primeira parte deste texto a análise da iconografia da paisagem considerando os textos, pinturas e imagens e "suas formas simbólicas impregnadas de valores" (CLAVAL, 2011, p. 10).

A segunda parte trata da figura *Mana* que caracteriza a *Anima*, a qual também se projeta no arquétipo do feminino negro, inicialmente de forma negativa explorando questões de bruxaria, curandeirismo e religião da cultura afro-pacífica, onde o papel da mulher é fundamental para a manutenção de tais práticas, consideradas patrimônios (atualmente), assim como o papel do caráter transformador da *Anima*, se refletindo em processos mais recentes da história do Pacífico, apresentando-se como a capacidade das mulheres afro em se reinventarem através das práticas culturais, como resposta e resistência ao conflito armado.

A terceira e última parte deste trabalho apresenta as paisagens patrimoniais sonoros corporais, como resultado da diáspora africana que permanece na Colômbia, manifestando-se através do corpo, sendo este o maior patrimônio afrofeminino.

3.1 Paisagens afrofemininas: da colônia à contemporaneidade

A história das mulheres negras na Colômbia se insere num contexto histórico de colonização, de poder patriarcal, violência e fragmentação que se mantém até hoje (CAMACHO, 2004, p. 167). Neste processo a mulher negra, assim como as indígenas, foram vistas "como seres que teriam uma atração 'natural' para os bens sensíveis e de forma especial, uma inclinação aos prazeres sexuais" (ANTIVILO, 2015, p. 37). Razão pela qual a sociedade patriarcal colonial detinha a posse sobre o corpo. Antivilo (2015) chama de colonização do corpo, a saber, a imposição de um pensamento ocidental mariano sobre este, considerando-o como sujo e o qual deve estar oculto, sendo esta uma estratégia de controle social.

Essa "domesticação" do corpo feminino trouxe como consequência abusos tanto físicos como simbólicos. Neste sentido, a mulher negra em sua condição de escrava teve que usar o corpo como uma forma de sobrevivência e de resistência, que no processo histórico recente colombiano geraram formas negativas da projeção do feminino.

Por um lado, o corpo e a sedução foram estratégias usadas para escalar posições mais convenientes, reduzir o trabalho forçado, assegurar a miscigenação ou "melhorar a raça" para que seus filhos tivessem alguns privilégios ou nascessem livres, pois em alguns países a mulher negra tinha que dar à luz a não menos que sete filhos para este fim (PEREIRA, 2009).

Por outro lado, a condição de escrava lhes dava um lugar na servidão, que também era reforçado sobre elementos simbólicos que as diferenciava sobre as mulheres brancas, como o tipo de roupa vestido, a necessidade de ocultar o cabelo, assim como as formas de dançar, mover o corpo, foram também elementos que definiram "o arquétipo de mulher negra como criatura sexual primitiva e exótica" (CAMACHO, 2004, p. 117).

É possível rastrear essas primeiras impressões sobre a mulher negra através de suas primeiras representações em esculturas, pinturas e desenhos, ressaltando que haviam poucas obras artísticas que as retratasse, devido a pouca visibilidade que lhe deram, por sua condição de escrava e de mulher.

Uma das primeiras representações da mulher negra na Colômbia, se pode encontrar na escultura esculpida em madeira chamada a 'Bailarina', a qual data do século XVIII e faz parte da Coleção do museu colonial y museu Santa Clara de Bogotá. Retrata "uma dançarina com uma expressão corporal desinibida e um jeito de vestir que uma crioula ou branca jamais usaria, e com uma sensualidade que não foi atribuída a essas nem às indígenas" (GIRALDO, 2014, p. 51-52, tradução nossa)[18], sendo uma amostra das representações coletivas que se tinha desde o período colonial sobre a mulher negra, além de ressaltar o corpo em movimento como expressão de sensualidade, também se ressalta a condição de escrava e seu lugar na sociedade colonial.

Frequentemente se encena as mulheres negras com o vestuário que as vincula com o lugar social que a hegemonia branca e patriarcal assinou para elas (GIRALDO, 2014). Como na pintura de Carmelo Fernández durante a Comissão Corográfica, intitulada "Damas brancas de Ocaña", a qual data de 1851; se pode encontrar na Biblioteca Nacional da Colômbia. A pintura exalta as mulheres brancas através das roupas como: lenço, vestido e penteado, dando-lhe poder e prestígio, invisibilizando a escrava que aparece na pintura ao não ser mencionada, dando a entender que ela é tratada como um objeto de luxo (GIRALDO, 2014). Neste sentido, a imagem e representação se orientam a designar a mulher negra uma condição de subalternidade, colocando-a no lugar da servidão e como acessório.

Desta maneira, tem-se no imaginário coletivo da sociedade colonial a figura do negro feminino constituindo-se sobre a negação do outro para afirmação da branquidade. Pois é preciso representar o que não somos através da pintura, a escultura, das formas de vestir, e todo um tecido simbólico para poder afirmarmos e identificarmos.

E é precisamente neste sentido que se colonizou o corpo, pois no imaginário e representações do negro, as mulheres foram descritas como fornicadoras, fáceis, indiferentes ao casamento, inclinando-se ao amancebamento. Portanto, ocupando sempre um lugar nos trabalhos domésticos e como corpos reprodutores, simbolizando a luxúria.

Depois, a iconografia com as inofensivas 'mulheres africanas' sem rosto, uma mancha negra em seu lugar, de corpos curvilíneos, que carregam água e frutas na cabeça, caracterizadas por seus coloridos vestidos e turbantes, também associados às *palenqueras* (quilombolas), retratadas em esculturas e pinturas, que comumente na Colômbia são usados para decorar a casa reforça este arquétipo, pois como afirma Giraldo (2014), estes são corpos construídos desde um olhar branco, colonial e patriarcal, que as considera como folclóricos, exóticos e marginais.

---

18   No original: Es una bailarina con una expresión corporal desinhibida y una manera de vestir que nunca hubiera ostentado una dama criolla o blanca, y con una sensualidad que no se le atribuía ni a estas ni a las indígenas.

Portanto, a representação da mulher negra projetada através de imagens coloniais até a atualidade, continua designando-lhe um lugar nos trabalhos domésticos, sendo retratadas constantemente com o avental, como em muitas das encenações das pinturas das *palenqueras* de Ana Mercedes Hoyos, ou da caricatura de *'Nieves'* da pintora e caricaturista Consuelo Largo, que gravou na memória dos colombianos um estereótipo da mulher negra do Pacífico, num desenho de uma empregada doméstica negra, "que diz às coisas que a mulher de classe alta de Cali pensa" (GIRALDO, 2014, p. 50).

Do mesmo modo, outras formas de expressão artísticas como a poesia espelham esta condição; como se pode evidenciar na pesquisa de Pereira (2009), que analisa a poesia do movimento de poesia negra cubana dos anos 20 e 40. Tentando dar visibilidade a mulher negra através de poemas que manifestavam o mesmo desejo de exotismo, sendo na poesia "o eixo central de interesse a valorização da sensualidade da mulata/negra, fazendo com que se preserve o mito da sensualidade" (PEREIRA, 2009, p. 178), e colocando-a continuamente na cozinha, na cama e na festa, lugares onde transitam o prazer masculino.

Estas imagens arquetípicas do feminino negro tem um sentido muito profundo e geralmente não é questionado seu sentido real, ficam no inconsciente coletivo (de)formando imagens que reproduzem preconceitos e miopias (JUNG, 2003), que não permite reconhecer que a sensualidade por exemplo, é um mito que se mantém até nossos dias, pois considera ainda a mulher negra como figura sexual, assim como manifesta Francy Garcia, habitante do município de *Lopez de Micay/Cauca*, Pacífico:

> Existe um estereótipo da gente, os homens sobretudo, na sexualidade, sobretudo os brancos ou mestiços, dizem: "quando me leva ao céu?", "que bombom tão bonito!" e dizem isso para mim, "uuu como será!". É como se na vida não houvessem tido uma experiência como essa, mas são só ideias, isso que a mulher negra é boa na cama, que o negro está bem dotado (GARCIA, 2019, tradução nossa)[19]

Desta forma, as representações coletivas do feminino negro na atualidade manifestam-se sobre o imaginário de homens e mulheres que as mitificam como figuras sexuais e exóticas e "seguem alimentando os imaginários, as identidades e as relações de gênero contemporâneos" (CAMACHO, 2004,

---

19 No original: Existe un estereotipo de la gente, los hombres sobre todo, en la sexualidad, sobre todo los blancos o mestizos, le dicen "vea cuando me lleva al cielo", "que cola tan bonita"...y le dicen a uno "uyy como será", es como si en la vida no hubieran tenido una experiencia como esa, pero eso son solo ideas, eso que la mujer negra es buena en la cama, que el negro está bien dotado (GARCIA, Francy; entrevista 1. [mar. 2019]. Entrevistador. Jesica Beltrán Chasqui, 2019).

p. 177). Mas em essência, o corpo das negritudes representa "a memória cultural e de resistência que se comunica através de gestos, movimentos, sendo a dança tão importante na cultura negra" (p. 177). O corpo como texto, é o papel no qual está escrito sua história através de uma linguagem simbólica, que precisa ser decifrada.

3.2 A mulher negra como recriadora da cultura no Pacífico

Numa primeira aproximação o arquétipo da *Anima* projetado no feminino negro lhe confere elementos negativos, associados à figura de mulher sedutora, bruxa ou feminina malvada, o qual se podem evidenciar nos ofícios da inquisição de mulheres culpadas por bruxaria, onde "algumas aproveitaram as acusações para infundir formas de terror contra os brancos e manter a ideia da mulher negra como bruxa e assassina de crianças em rituais" (CAMACHO, 2004, p. 174); que mostra por um lado, o medo que uma sociedade dominada por homens tem colocado à mulher negra (GALDOS, *et al.* 2007), e por outro, que da mesma forma que o corpo e sedução, a bruxaria, feitiçaria ou curandeirismo, foram elementos que serviram como ferramentas de defesa e resistência na colônia. Sendo o sincretismo negro o resultado do permanente intercâmbio e apropriação de conhecimentos e práticas entre brancas, indígenas e africanas que lhe deram origem a uma diversidade de práticas culturais e religiosas (CAMACHO, 2004).

Muitas das práticas culturais das comunidades negras do Pacífico são conferidas as mulheres, acionando assim a figura *Mana*, sendo esta "a soberana de atuação mágica tanto positiva como negativa, como sacerdotisa ou como feiticeira" (NEUMANN, 1999, p. 257), que transita "na área que a metafísica reservou para si. Tudo o que é tocado pela *Anima* toma-se numinoso, isto é, incondicional, perigoso, tabu, mágico" (JUNG, 2003, p. 37, grifo nosso), a figura *Mana* como parte da *Anima* permite pensar o papel da mulher nas comunidades negras como recreadoras da cultura afro-pacífica, pois seria banal continuar considerando a projeção do feminino negro somente desde os estereótipos negativos.

Como mostrado, às mulheres negras lhes destinaram os espaços domésticos desde tempos coloniais, configurando-se como espaços onde predomina a tradição oral e onde se forja a memória, razão pela qual a escritura encontra-se plasmados no corpo, no movimento, na família, nos cantos e ritos, ao ser espaços mais íntimos permitia a recriação da cultura.

Desta forma, as mulheres afro no Pacífico se caracterizam por serem as protagonistas no rito da vida, assim como no rito da morte, considerados por muito tempo como atos mágicos e tabu, mas estes na realidade "são formas de pensamento e ação que historicamente tem ajudado as pessoas a ter controle simbólico dos processos que dificilmente podem modificar, mas que afeta profundamente sua vida" (ANTIVILO, 2015, p. 158, tradução nossa)[20].

O poder *mântica* e mágico são características que se lhe tem atribuído a mulher universalmente, segundo Neumann (1999):

> Ela é o centro da magia, do cântico mágico e enfim da poesia, pois a situação extática da vidente resulta de ela ser dominada por um espírito que irrompe dentro dela, o qual se pronuncia a partir dela, ou melhor, que nela se denuncia e se manifesta em forma de invocação rítmica e intensa" (NEUMANN, 1999, p. 259).

Portanto, é natural que a mulher negra do Pacífico assuma o papel de parteira e do rito da umbigada. Também é a encarregada de cantar os *alabaos*, cantos fúnebres que tem como fim acompanhar as almas ao além ou a seu lugar de origem, África, ademais de ser as encarregadas da saúde familiar, conferindo-lhe estas práticas rituais sonoro-corporais um lugar muito importante dentro da comunidade.

3.2.1 A vida de um afro depende do umbigo

Nas comunidades afro-pacíficas, o umbigo significa a conexão com a mãe e com a vida mesma, nele estão os desígnios do que será, além de ser uma conexão com a terra e seus ancestrais (ARANGO, 2014). A umbigada, segundo Arrocha (1999), consiste em dois rituais. O primeiro se dá quando nasce o infante, e a mãe enterra a placenta e o cordão umbilical abaixo de uma semente de uma árvore cultivado por ela desde que soube da gravidez, o que permite ao mesmo tempo demarcar o espaço no qual se vive, pois cada árvore semeada baixo este rito é uma conexão com seus ancestrais, gerando um sentimento topofílico, um amor pelo lugar que habita.

O segundo é quando é preciso curar a ferida que fica quando o umbigo se separa do corpo, então a mãe, avó ou comadre, põe no umbigo uma substância vegetal, animal ou mineral cujas qualidades formam parte do caráter do infante, conferindo-lhe poderes especiais. Por exemplo, se o infante é ungido com ouro, este na sua vida adulta e no trabalho como mineiro poderá ver e encontrar ouro de forma mais fácil; ou se é ungindo com uma árvore ele terá as características dessa árvore como o explica uma habitante do Pacífico Sul:

---

20   No original: Son formas de pensamiento y acción que históricamente han ayudado a las personas a tener control simbólico de los procesos que difícilmente pueden modificar, pero que afectan profundamente su vida.

> A *ombligada* com ouro se realiza para que a pessoa tenha sorte e possa conseguir ouro, porque aqui culturalmente a gente pensa que o ouro é... nem todo mundo consegue ser bom no negócio do ouro, mesmo se você vai na mina como mineiro, ou se vai com uma retroescavadeira, não é todo mundo que consegue ouro, por que ele tem certo mistério, o ouro é um mineral misterioso, que até agora a gente não consegue decifrar o que é que faz para que ele fuja de algumas pessoas, aqui se diz que a gente que é ruim não consegue ouro, que se são egoísta também não [...] no caso das plantas, quando se *ombliga* com um chipero, que é uma árvore muito forte, perto dela cresce o rio, as correntes, suportando todos os ataques do clima, a chuva, as crescentes, então se *ombliga* a seus filhos para que seja uma pessoa forte (GARCIA, 2019, grifo nosso, tradução nossa)[21]

Desta maneira, desde o momento do nascimento o corpo e a mente se conectam com a natureza e tudo o que habita nela, fazendo-a parte de todo o tecido cultural afro-pacífico.

3.2.2 Cantos à morte, cantos de esperança

Assim como no ritual da vida, na cerimônia da morte a mulher afro cumpre um papel fundamental; a este respeito, as orações e cantos fúnebres conhecidos como *alabaos*, os quais nascem na colônia espanhola, como "resultado de um processo de sincretismo musical praticado pelas primeiras gerações de escravos que chegaram ao Pacífico colombiano no século XVI" (PINILLA, 2017, p. 156), e que tinham a função de conduzir a alma a África, representava um canto de liberdade, já que a alma poderia descansar da escravidão, assim como também é um canto de resistência, pois fazia suportável a dor produzida pela morte de um ser querido. Este cântico composto por vozes femininas tem um formato responsorial, onde se destaca a voz de uma líder e do coro que responde, sem o acompanhamento de instrumentos musicais. Estes cantos tem uma estrutura básica dos romances e cantos litúrgicos próprios da

---

21 No original: La ombligada con oro se realiza para que la personas tengan suerte y puedan conseguir oro, porque acá culturalmente nosotros tenemos la consigna que el oro es ...a no todo el mundo se le da lo del negocio del oro, o si usted se va a la mina a minear, o se va con una retroexcavadora todo mundo no consigue oro, porque él tiene cierto misterio, el oro es un mineral misterioso que pues hasta ahora uno no logra descifrar que es a lo que muchas personas les huye, aquí suelen decir que la gente mala no consigue oro, que si están con el egoísmo tampoco (...) en el caso de las plantas cuando se *ombliga* con un chipero, es un árbol demasiado fuerte, ahí crece el río, las corrientes soporta todos los embates del clima, la lluvia, las crecidas, que una de las cosas más fuertes que tiene que soportar un chipero son las crecidas, entonces uno *ombliga* a sus hijos para que sea una persona fuerte (GARCIA, Francy; entrevista 1. [mar. 2019]. Entrevistador. Jesica Beltrán Chasqui, 2019).

igreja cristã, os quais têm sido enriquecidos e ressignificados com elementos próprios das comunidades afrodescendentes (PINILLA, 2017, p. 154).

Há semelhança entre os *alabaos* e os *chigualos* ou *gualy*, são cantos fúnebres, mas dirigidos às crianças falecidas ou anjinhos. Este cântico composto por vozes femininas é acompanhado pelas sonoridades de *conunos*, *guasas* e *bombo*, instrumentos próprios do Pacífico, onde a dança e a sedução tem lugar, pois seus sentidos transcendem a dor da morte, transformando a dor num símbolo complexo de festejo, o que diante os olhos ocidentais não seria apropriado ou correto (ARANGO, 2014). De modo que, mais que representar tristeza e dor pela perda de um ser querido, o ato cerimonial mostra elementos profanos, pois é um cenário onde a comunidade se reúne para cantar, dança e ingerir bebidas alcoólicas para se despedirem da alma. O festejo à morte ou a transcender se deve ao fato de que na época da escravidão, para um negro morrer representava a liberdade, e isso lhe confere um motivo de comemoração, ao qual não se traduz segundo Pinilla (2017) a sentimentos de alegria ou felicidade, pois "a festa é a catarses da dor e as tensões sociais representadas por meio da dança, o canto, a percussão e o álcool" (2017, p. 35, tradução nossa)[22].

Este ritual sonoro, nos últimos anos tem se transformado, pois as mulheres negras do Pacífico, assim como as indígenas e camponesas, são as que mais têm sofrido na guerra interna da Colômbia, que leva mais de meio século, sendo elas as viúvas da guerra, já que além de perder seus esposos e as vezes seus filhos, tem que carregar com a perda das terras a tarefa de reconstruir a família em outro lugar, fato que há transformado profundamente suas tradições, uma delas: os *alabaos*.

Desde o massacre de Bojayá em 2002, município localizado no departamento de Chocó-Pacífico, onde os ataques à população civil por parte de grupos armados das Forças Armadas Revolucionárias da Colômbia – FARC e paramilitares, deixou a cidade destruída e com mais de 119 pessoas mortas, provocando um deslocamento forçado do resto da população civil (OSLENDER, 2004), influenciando profundamente nas práticas culturais, em especial a dos *alabaos*, pois ao não poder se despedir seus seres queridos com suas respectivas práticas rituais, por medo da guerra e de ter que sair forçadamente de seus lugares de origem ou pela tarefa dolorosa de ter que despedir familiares, amigos e vizinhos por causa da violência armada; os *alabaos* têm se transformado num canto de resistência, pois "esta expressão cultural no marco do conflito armado se complexifica, situando-se como um exercício por

---

22 No original: la fiesta es la catarsis del dolor y las tensiones sociales representadas por medio de la danza, el canto, la percusión y el alcohol.

meio do qual as coletividades procuram se fortalecer a si mesmas desde esta manifestação cultural própria" (PINILLA, 2017, p. 166). Assim, o exercício de transformação dos *alabaos* compreende a composição de novas letras, que não vai dirigida aos mortos senão a todos os colombianos contando através do canto o que aconteceu na guerra.

Desta forma, por exemplo, as '*Musas del pogue*', originárias de Bojayá vem denunciando os fatos do massacre de Bojayá e em outras partes do país, em diferentes cenários nacionais e internacionais (PINILLA, 2017), como ocorreu no primeiro acordo de paz entre governo colombiano e FARC em 2017, onde "a presença das musas do pogue neste evento reafirmou seu poder como voz de denúncia, resistência e reivindicações, mas sobretudo evidenciando o lugar que vem ganhando como sujeitos políticos [...] fundamentalmente a partir de suas músicas" (PINILLA, 2017, p. 166).

Os *alabaos* como metáfora do caráter transformador da *Anima*, o qual significa segundo Neumann (1999) um impulso à transformação, a ação e a criação no mundo interior e exterior, que se ilustra na capacidade das mulheres afrodescendentes em se reinventarem com a música de denúncia, é dizer, em transformar o cântico fúnebre num cântico que denuncia as atrocidades da guerra e um exercício da memória coletiva que se manifesta através das mulheres; assim como o caráter transformador implica uma mudança substancial da personalidade e da consciência (NEUMANN, 1999), há possibilitado uma mudança substancial na figura da mulher negra, esta como recriadora da cultura afro-pacífica e protagonista nas reivindicações por direitos ante o governo colombiano.

3.3 Paisagens sonoro-corporais

O arquétipo do feminino negro se vem modificando. Segundo Jung (2003), devido a sua conscientização e percepção, assumindo matizes que variam de acordo a consciência individual ou coletiva na qual se manifesta. Sendo estes matizes, as formas patrimoniais nas quais o feminino negro se apresenta.

Desta maneira, o corpo da mulher afro se transforma em seu maior patrimônio, já que através dele se tece inúmeros símbolos e significados que fala sobre a cultura afro pacífica e que guarda a memória da cultura negra, poderíamos dizer, então, que se trata de paisagens patrimoniais sonoro-corporais, pois estes se manifestam através da poesia, cânticos, penteados e ritos, tornando-se um "poderoso meio através do qual sentimentos, ideias e valores são expressos" (COSGROVE, 1993, p. 8); de forma que estas paisagens patrimoniais sonoro-corporais, se podem considerar como marca e matriz "marca, pois expressa uma civilização, mas também matriz porque participa dos esquemas de percepção, de concepção da ação, o seja da cultura" (BERQUE, 2012, p. 239). A este respeito, a poesia e os penteados de mulheres afro-colombianas, exemplificam estas paisagens, o que não significa que não existam outras formas de expressão sonoro-corporais nas comunidades negras.

A poesia como expressão artística apropriada pelos afrodescendentes em suas diferentes variantes evidencia uma trama de símbolos e significados que falam sobre o ambiente natural do Pacífico, as práticas cotidianas, mitos e histórias. Foi possível evidenciar isso na publicação em 2010 do livro sobre poesia de mulheres afro colombianas, como resgate e reconhecimento das poetisas negras na produção literária que tinha sido invisibilizada, e que tem suas próprias particularidades, pois a estrutura rítmica musical do poema é diferente da estrutura tradicional, de forma que o ritmo está marcado pelos tambores, é dizer que "para sua compreensão, o pulso do ritmo é como um tambor (presente o imaginário, consciente, inconsciente o supra-consciente, visível o invisível) que faz mover os pés sobre a terra. Marca com aquilo o compasso do palpito das palavras, dentro da frase" (OCAMPO; CUESTA, 2010, p. 16). Desta forma elas dirigem os ritmos sonoros e linguísticos, improvisam e efetuam criações e peças impecáveis dos cantos de caráter sacro e profano (MOTTA, s. f: s. p. *apud* OCAMPO; CUESTA, 2010, p. 35), isto devido a sua habilidade para o canto, como destacado anteriormente, sendo "a linguagem da cultura negra do Pacífico um diálogo, uma linguagem social que fala e canta, e que se escuta" (MOTTA, s. f: s. p. *apud* OCAMPO; CUESTA, 2010, p. 35). A poesia dos *alabaos, chigualos, arrullos* e outras formas de expressão oral, são um exercício da memória, o qual guarda sua maior expressão nas vozes femininas.

A poesia afrofeminina, é mostra do grande aporte à poesia colombiana, e com suas obras é possível vislumbrar não só aspectos da diversidade cultural afro-pacífica, senão também toda a história biocultural do Pacífico, desconhecida para muitos, como exemplo, o Poema intitulado: '*Allá van... Allá van...*', da Chocoana Luz Colômbia Zarkanchenko de González, que fala sobre a ocupação dos pescadores no mar:

> *Allá van... Allá van...*
> *Allá van...*
> *Allá van...*
> *Allá van...*
> *Tus hombres hambrientos*
> *De sombras y sales,*
> *Con sus chinchorros*

A pescar...
Allá van...
Allá van...
En la noche oscura
Buscando aventuras,
Contra el vendaval.
Allá van...
Allá van...
Como péndulos vitai
Como campanas funerárias
Sobre el oladar.
Allá van...
Allá van...
Ardiendo tizones crepitorios
Dentro del corazón
Y sobre el mar.
Allá van...
Allá van...
Como piras interminables
De esperanzas marinas
Con la frente encendida
Y el temblante hablar.
Allá van...
Allá van...
Excitando continuas
La robusta fuente
De sus desesperanzas
Bajo el cielo, sobre el mar.
Allá van...
Allá van...

Assim como os poemas falam sobre o Pacífico, os penteados também são considerados parte das paisagens sonoro-corporais, pois estes falam sobre a história negra, fato que foi possível evidenciar no projeto de criação coletiva da artista Astrid Liliana Angulo Cortés, intitulada: 'Quieto Pelo', que tinha como objetivo documentar as tradições orais e práticas associadas ao penteado, o cuidado do cabelo e as políticas expressadas por meio do pelo entre as mulheres afrodescendentes da Colômbia.

O trabalho tenta descolonizar as imagens negativas do negro, e especialmente da mulher negra, trazendo o penteado e as práticas associada ao cabelo nas comunidades afrodescendentes, "como memórias de resistência que a sua vez reúnem sabedoria, tradicional, respeito, cuidado e conhecimento sobre o corpo" (GIRALDO, 2014, p. 164), assim como propõe a ação de pentear como um patrimônio cultural afro, em seu processo estético como criativo.

O penteado nas escravas negras durante o período colonial foram os mapas que mostravam as rotas de escape, na qual se desenham sobre as cabeças as paisagens naturais Granadinas (atualmente Colômbia). Assim, a observação sobre estas foi essencial para poder localizar montanhas, rios, caminhos, elementos de referência espacial, que podiam ser decodificados entre eles ao vê-los. Dessa forma, na atualidade apareceram muitos penteados que são evidência não só de uma memória, senão das formas de como estas comunidades se tem apropriado de seu entorno aquático típico das selvas do Pacífico colombiano, onde desenham os manguezais e as ondas do mar em seus penteados, como uma amostra da representação do entorno aquático pleno de códigos e simbologias.

Este patrimônio artístico da mulher negra apresenta questionamentos e resistências, sem dúvida ultrapassam o mito do exótico e sedutor, quebrando imaginários e estereótipos que se repetem desde tempos coloniais, mostrando que são grandes artistas e criadoras de arte por excelência, provando que o corpo é um texto pleno de significados, que guarda a memória da história negra na Colômbia.

Portanto, é sobre esta abordagem que se constituem as paisagens sonoros corporais, que por meio da poesia e os penteados afro femininos já apresentados, assim como as outras expressões culturais analisadas ao longo desta reflexão, do mesmo modo a dança; são expressões que lhes permite falar sobre seu cotidiano, as inconformidades, doenças e curas, trabalho na mina, no mar, na lavoura, são textos, são paisagens que relatam a vida mesma.

3.4 A *Anima* como elemento transformador

A *Anima* numa primeira leitura se apresentou como o reflexo de elementos negativos projetados na mulher negra, constituídos desde a colônia até a atualidade, onde através de reflexões históricas, sociais e da imagem e representação foi possível evidenciar, que o corpo exemplar era baseado desde olhares brancos, políticos e religiosos, que procuravam corpos com características que simbolizaram o que era bom e correto; deformando os corpos das escravas negras e levando-os a simbolizar a luxúria, outorgando-lhe assim um lugar na cozinha e na cama de seus amos. Estes mandatos corporais foram uma forma de dominação, que deixou seus resquícios, pois no inconsciente coletivo de grande parte da sociedade colombiana ainda se projeta nas mulheres afro elementos de luxúrias e sedução; tendo que se enfrentar a imagens predominantes, que assinalam como feias, não femininas por não se ajustar a imagem imposta da Virgem Maria ou da *Barbie* (GIRALDO, 2014).

Este modelo de feminilidade também as catalogou como bruxas e feiticeiras, estando elas nos pesadelos da sociedade Neogranadina (hoje Colômbia), sendo estas figuras da linguagem postas como negativas ou o que a *Anima* representa; mas em realidade foram meios de resistências, usados tanto para sobreviver do jugo colonial como para poder manter elementos culturais africanos, sendo a mulher negra a principal recriadora da cultura afrodescendente na atualidade.

Desta maneira, se explorou a figura *Mana* e o caráter transformador do arquétipo da *Anima*, através dos elementos considerados mágicos e tabu na cultura afro-pacífica, como são os rituais da vida *(obligadas)* e da morte *(alabaos)* conferidos a figura feminina, que projetam elementos negativos relacionados à bruxaria e curandeirismo, mas que na verdade é a forma como as comunidades negras estruturam sua realidade, e encaram as realidades visíveis como invisíveis, como resultado da diáspora das mulheres afro que ficou na América Latina.

Sendo o caráter transformador na *Anima* segundo Neumann (1999), o arquétipo mais desenvolvido do inconsciente, o qual se transforma ou se modifica, tomado como metáfora para descrever a capacidade das mulheres negras em se reinventar através das manifestações culturais, frente à violência e conflito armado na Colômbia, o qual há modificado profundamente práticas culturais e rituais, que hoje em dia resistem para não desaparecer, alcançando um patamar não antes visto, onde se visibiliza a cultura negra do Pacífico e as mulheres, como sujeitos políticos, que denunciam e reclamam por direitos, tanto em cenários nacionais como internacionais.

De forma que as mulheres como recriadoras da cultura negra, a qual se expressa através de seu principal patrimônio, seu corpo, permite vislumbrar paisagens patrimoniais sonoros corporais, plasmadas na poesia, cânticos, penteados e ritos, que guardam as memórias e que falam através de inúmeros códigos e significados sobre a história e vida no Pacífico, evidenciando assim, sua diversidade cultural e paisagística.

CAPÍTULO 4

PROJEÇÕES E PERSPECTIVAS PARA O FEMININO NA AMÉRICA LATINA

Diante da elaboração desta obra, fruto de um esforço coletivo de reflexão, é possível estabelecer pelo menos três projeções que envolvem o simbolismo feminino. O primeiro sob a perspectiva da latinidade, onde tem-se as características dos povos latinos que a todo momento estão em constante tensão com os elementos de irradiação europeia, que ora divergem e ora se fundem, complementando-se. Se tencionam, por exemplo, quando trazemos a Virgem de Lourdes como modelo mariano de devoção terapêutica. A mesma, referenciada oficialmente pela Igreja Católica Apostólica Romana (ICAR) a partir da irradiação vinda do continente europeu traz consigo seus elementos simbólicos e características; desde indumentárias, cor de pele, feições de rosto e corpo bem como seus dogmas e mística. Dessa herança feminista histórico-geográfica, ao mesmo tempo colonial e decolonial, surge a representação do modelo de uma Senhora Soberana, que molda as formas de irradiação desse simbolismo feminino religioso enraizado no caráter homogeneizador.

Encontra-se na América Latina, como nos exemplos apresentados, adaptações, aproximações e distanciamentos. Os elementos simbólicos ligados ao feminino e a natureza também são projeções da maternidade, os vínculos maternos estabelecidos pela nutrição e tantas outras ligações profundas de afeto e subjetividades. Sob a perspectiva da virgem intocada que protege os pecadores em busca de salvação, reforçam a virgindade como pureza de uma natureza intocada, herança de um feminino sob a égide patriarcal de caráter homogenizador-colonizador e que de certa forma tenciona-se com as virgens.

Isso não passa despercebido nas práticas religiosas reapropriadas sob os aspectos míticos que envolvem a formação da população com a herança indígena e africana, proporcionando uma profusão de hibridismos visualizados em N.S. de Guadalupe, por exemplo. Tem-se nas práticas profanas condenadas pelo cristianismo, como pelas prostitutas, a abertura para uma devoção em busca de uma proteção divina humanizada, como também na própria miscigenação e tantas outras virgens que não são reconhecidas pela igreja católica, porém de forte apelo popular. Podemos assim visualizar esses elementos de tensão. E que ao mesmo tempo se complementam pois são símbolos que estão presentes nessa América Latina que é plural, diversa e miscigenada, em decorrência das diásporas africanas, indígenas e europeias.

A segunda perspectiva dessa representação do feminino está nos movimentos de reapropriações simbólicas por comunidades alternas. Na contemporaneidade estas comunidades também atendem a sociedades diversas, como LGBTQI+, prostitutas, os pobres, feministas, entre outros, que nas zonas urbanas e cosmopolitas latino-americanas rompem com os padrões simbólicos de um patriarcado incapaz de silenciar e exercer domínios sobre estas. Como resposta, surgem símbolos e imagens que "incomodam", como foi evidenciado na imagem "*Nuestra Patrona de la Cantera*", padroeira das trabalhadoras sexuais.

Da mesma forma, também se pode visibilizar as re-criações de imagens e símbolos do feminino, como se evidenciou com as inúmeras santas mestiças latino-americanas tratadas neste texto. Que surgem inicialmente como arquétipos do feminino, capazes de se transformar como foi evidenciado com a imagem-corpo da mulher negra afro-colombiana, mostrando que nesses simbolismos do feminino os "outros" encontram refúgio e guardam suas memórias culturais; e entendendo que podem ser compreendidos através de elementos místicos e religiosos que em suas mais diversas formas se apresentam com força na América Latina.

Por conseguinte, surgem as Filhas Negociadoras, que em sua diversidade simbólica-cultural construída num espaço Latino-americano se encontra num contínuo fluxo de manutenção de elementos coloniais; assim como numa luta de manutenção de elementos simbólicos decoloniais, visíveis com mais força em algumas expressões que em outras, umas resistindo para não desaparecer e outras se adaptando para poder permanecer, enquanto novas práticas vão surgindo. Todas em sinal de que há outras formas de estar e ver o mundo numa proposição igualitária capaz de assegurar a diversidade global e cosmopolita.

As interseções simbólicas visualizadas na reflexão proposta até aqui evidenciam também a importância dos Santuários Naturais (OLIVEIRA, 2011) para que essas imagens e práticas culturais recriadas sejam reproduzidas. Assim, destaca-se sua importância não apenas como espaços atrativos da demanda turística diante de seu potencial paisagístico para visualização dessas representações do feminino, mas como representações míticas da comunicação religiosa entre a Mãe Terra e seu povo. Aqui, temos a terceira e última perspectiva dessa projeção do feminino.

Os sentidos mítico-religiosos das manifestações que abordamos nos mostram como as forças da natureza são as ferramentas que propiciam essa comunicação com a Mãe Terra (NEUMANN, 1999), corporificadas nas divindades femininas em diferentes projeções, ora como Nossa Senhora de Lourdes e suas águas purificadoras; enquanto *Pachamama* que tem na dimensão telúrica sua fecundidade germinada; Enquanto Virgem que produz espaços de cura em grutas e vales.

Essa dimensão ambiental visualizada nas representações dessa divindade feminina enquanto exaltação a Mãe Natureza nos traz como terceira dimensão uma Neta Ambientalista, que encontra na modernidade o desafio de uma crise ambiental que cobra dos territórios estratégias de articulações não apenas políticas, mas educativas, que exaltem essa representação da humanidade como ser feminino, que tem na natureza sua manutenção espiritual.

Para isso, se faz necessário reafirmar o potencial das práticas religiosas e culturais como fonte de conhecimento eminentemente popular, portanto pleno no sentido de desenvolver estratégias de convivência com a natureza que busquem sua conservação também como manutenção de suas crenças religiosas e de seus respectivos santuários naturais. Assim, as manifestações festivas tornam-se espaço privilegiado para o processo de patrimonialização e pertencimento por quem as vivenciam.

O espaço construído por essas atividades religiosas e festivas, além de constituir-se enquanto patrimônio, tem sua dimensão religiosa enquanto dialógica, cosmopolita e pós-moderna (OLIVEIRA, 2011). Assim, é possível conceber uma relação entre as experiências religiosas e culturais de convivência com os sentidos de construção da identidade local que considerem as problemáticas ambientais latentes na modernidade. Conceber a Mãe Terra enquanto Neta Ambientalista é compreender o desafio de projetar sua ligação intrínseca com a natureza como estratégia para irradiação e manutenção do patrimônio cultural.

Esse esforço interpretativo resulta na composição gráfica que pode ser visualizada a seguir (Figura 9), na confluência dos elementos que norteiam essa proposição na busca de traçar os caminhos que transpassam as dimensões exploradas. Assim, se encontram três dimensões alteridentitárias que estão em contínuo fluxo e atualização, chamadas como Senhora Soberana, Filha Negociadora e Neta Ambientalista, as quais representam o feminino latino-americano presente numa dinâmica cultural de manutenção de elementos tradicionais cristão-europeus e hispano-lusitanos, adaptações de simbolismos femininos e surgimento de novos símbolos contestatórios, decoloniais e alternos.

Figura 10 – Composição gráfica das projeções exploradas

SIMBOLISMOS DO FEMININO LATINO-AMERICANO

↓

MÃE-TERRA

Dimensões alteridentitárias

- **Senhora Soberana**
- **Filha Negociadora**
- **Neta Ambientalista**

- Identidades (de)coloniais
- Representações marianas oficiais

- Reapropriações simbólicas
- Mestiçagens e hibridismos

- Imaginário telúrico
- Espaços naturais

Simbolismos patrimoniais

Fonte: Elaboração própria (2021).

REFERÊNCIAS

AGUIAR, Jacquicilane Honorio de. **Cronotopia da coroação africana**: mapeamento das representações simbólicas do maracatu no patrimônio da data magna em Fortaleza/CE. 2017. 122f. Dissertação (Mestrado em Geografia) – Universidade Federal do Ceará, Fortaleza, 2017. Disponível em: http://www.repositorio.ufc.br/handle/riufc/26890. Acesso em: 10 jan. 2021.

ALVAREZ, Rodrigo. **Maria**: A biografia da mulher que gerou o homem mais importante da história, viveu um inferno, dividiu os cristãos, conquistou meio mundo e é chamada de Mãe de Deus. São Paulo: Globo, 2015. 224 p.

ANGULO, Liliana. **Quieto pelo.** Exposição de arte contemporâneo, sucursal Quibdó, Banco de La República, Quibdó: julho, 2008.

ANTIVILO, Julia. **Entre lo sagrado y lo profano se tejen rebeldías**: Arte feminista latinoamericana. Bogotá: Editorial Linotipia Bolivar, 2015.

ARANGO, Ana. Cuerpos endurecidos y cuerpos protegidos. Prácticas y rituales en el orden corporal de los niños afrodescendientes del Pacífico colombiano. **Revista Espacios Transnacionales**, n. 3, p. 26-38, 2014.

ARROCHA, Jaime. **Los ombligados de Annase**: Hilos ancestrales y modernos en el Pacifico Colombiano. Santa Fe de Bogota: Universidad Nacional de Colombia, 1999.

ÁVILA, Ana Luz Ávila. **Nuestra Señora de la Cantera**: mujer, amante, puta, pública, contra-público. Especialização em Género e Desenvolvimento. Facultad Latinoamericana de Ciencias Sociales – Flacso. Ecuador, 2010.

BACHELARD, Gaston. **A água e os sonhos**: ensaio sobre a imaginação da matéria. Tradução de Antônio de Pádua Danesi. São Paulo: Martins Fontes, 1998. 202 p. Coleção Tópicos.

BAKHTIN, Mikhail Mikhailovitch. **A Cultura Popular na Idade Média e no Renascimento**: o contexto de François Rabelais. Tradução de Yara Frateschi Vieira. São Paulo: Hucitec; Brasília: Editora Universidade de Brasília, 2008.

BERQUE, Augustin. Paisagem-marca, paisagem-matriz: elementos da problemática para uma geografía cultural. *In:* Correa, Roberto Lobato; Rosendahl, Zeny (org.). **Geografia Cultural**: uma antología, vol 1. Rio de Janeiro: Ed UERJ, 2012.

CAMACHO, Juana. Silencios elocuentes, vocês emergentes: reseña bibliográfica de los estúdios sobre la mujer afrocolombiana. *In:* PARDO, Mauricio; MOSQUERA, Claudia; RAMIREZ, Maria. (ed.). **Panorama afrocolombiana, estúdios sociales en el Pacifico**. Bogota: Instiituto Colombiano de antropologia e historia-Icanh, Universidad nacional de Colombia, 2004.

CAMPBELL, Joseph. **O herói de mil faces**. Tradução: Adail Ubirajara Sobral. 11. reimpr. São Paulo, SP: Pensamento, 2007. 414 p.

CANCLINI, Nestor Garcia. **Culturas híbridas**: estratégias para entrar e sair da modernidade. Tradução Heloísa P. Cintrão e Ana Regina Lessa. 4. ed. São Paulo: Edusp, 2003.

CARBALLO, Teresa Cristina. Hierópolis como espacios em construccion: las prácticas peregrinas en Argentina. *In:* ROSENDAHL, Zeny. (org.). **Trilhas do sagrado**. Rio de Janeiro: edUERJ, 2010.

CLAVAL, Paul. A geografia cultural: o estado da arte. *In:* Rozendahl, Zeny; Corrêa, Roberto L. **Manifestações da Cultura no Espaço**. Rio de Janeiro: EDUERJ, 1999.

CLAVAL, Paul. **Epistemologia da Geografia**. Florianópolis: Editora UFSC, 2011.

CLAVAL, Paul. Reflexões sobre a geografia cultural no Brasil. **Espaço e Cultura**, Rio de Janeiro: UERJ, n. 8, p. 7-29, ago./dez. 1999. Disponível em: http://www.e-publicacoes.uerj.br/index.php/espacoecultura/article/view/7091/5014. Acesso em: 05 mai. 2016.

CORRÊA, Roberto Lobato. ROSENDAHL, Zeny (org.). **Introdução à Geografia Cultural**. Rio de Janeiro: Bertrand Brasil, 2003. 226 p.

CORRÊA, Roberto Lobato. ROSENDAHL, Zeny. **Denis Cosgrove**: A paisagens e as imagens. Revista espaço e cultura, Rio de Janeiro, No.29, p. 7-21, 2011.

COSGROVE, Denis. A geografia está em toda parte: cultura e simbolismo nas paisagens humanas'. *In:* CORRÊA, Roberto Lobato; Rosendahl, Zeny (org.). **Geografia Cultural**: uma antologia. Rio de Janeiro: EDUERJ, 2012.

COSGROVE, Denis. **The Palladian Landscape**: Geographical Change and its Cultural meanings sixteenth century Italy. Londres: Leicester University Press, 1993.

COSTA, Gilson Brandão. **A festa do Maracatu**: Cultura e performance no Maracatu cearense 1980-2002. 2009. 196 f. Dissertação (Mestrado) – Mestrado em História Social, Universidade Federal do Ceará. Fortaleza, 2009.

D'ABADIA, Elisa Bárbara Vieira; D'ABADIA, Maria Idelma Vieira. Tradução: La Géographie en fêtes, Guy Di MÉO (Organizador): (A Geografia nas Festas). **Plurais – Virtual**, Anápolis, v. 1, n. 2, p. 24-55, 2012

DOZENA, Alessandro. As Comunidades do Tambor Brasileiras como Patrimônio Latino-Americano. **Posición**, v. 4, p. 1-16, 2020.

DUNCAN, James. Paisagem Como Sistema de Criação de Signos. *In:* CORRÊA, Roberto Lobato; ROSENDHAL, Zeny (org.). **Paisagens, Textos e Identidade**. Rio de Janeiro: UERJ, 2004. p. 91¬132.

DURAND, Gilbert. **O imaginário**: ensaio acerca das ciências e da filosofia da imagem. Tradução de Renée Eve Levié. 3. ed. Rio de Janeiro: DIFEL, 2004. 128 p.

ELIADE, Mircea. **O Sagrado e o profano**: a essência das religiões. São Paulo: Martins Fontes, 5. Tir. 2001. 191 p.

FERREIRA, Luiz. Felipe. O lugar festivo: a festa como essência espaço-temporal do lugar. **Espaço e Cultura**, UERJ, Rio de Janeiro, v. 15, p. 7-21, jan./jun. 2003.

FIGUEIREDO, Luiz Afonso Vaz de. Cavernas como paisagens simbólicas: imaginário e representações. *In*: SEMINÁRIO IBERO-AMERICANO DE GEOGRAFIA FÍSICA, 2., SEMINÁRIO LATINO-AMERICANO DE GEOGRAFIA FÍSICA, 6., 2010, Coimbra. **Anais** [...]. Coimbra, Portugal: Universidade de Coimbra, 2010. Disponível em: https://www.uc.pt/fluc/cegot/VISLAGF/actas/tema5/luiz_cavernas. Acesso em: 05 abr. 2017.

FREUD, Sigmund. **Futuro de uma ilusão**. 2. ed. Porto Alegre, RS: L&PM, 2017. 144 p.

GALDOS, Jesús Saiz; FERNANDEZ, Beatriz Ruiz; ALVARO, José Luis. De Moscovici a Jung: el arquétipo femenino y su iconografia. Revista **Athenea Digita**, n. 11, p. 132-148, 2007.

GIL FILHO, Sylvio Fausto. Geografia das formas simbólicas em Ernst Cassirer. *In:* **Visões do Brasil**: estudos culturais em geografia. (org.). Francine Barthe-Deloizy e Angelo Serpa. Salvador: EDUFBA: Edições L´Harmattan, 2012. 198 p. p. 47-66.

GIRALDO, Sol. A. **Liliana Angulo**: **Retratos en blanco y afro**. Ministerio de Cultura, República de Colombia, 2014.

GORAYEB, Paulo Sergio de Sousa; LIMA, Aline Maria Meiguins de. Aspectos texturais do magmatismo e tramas da tectônica impostas ao Granito Chaval na Zona de Cisalhamento Santa Rosa, extremo Noroeste da Província Borborema. **Brazilian Journal of Geology**, São Paulo, v. 44, n. 4, p. 653-668, dez. 2014. Disponível em: http://www.ppegeo.igc.usp.br/index.php/bjg/article/view/9106. Acesso em: 12 mar. 2020.

HALL, Stuart. **A identidade cultural na pós-modernidade.** Tradução Tomaz Tadeu da Silva, Guaracira Lopes Louro, 11. ed. Rio de Janeiro: DP&A, 2011.

JUNG, Carl Gustav. **Memória, sonhos e reflexões**. Coleção saraiva de bolso, 2012. 511 p.

JUNG, Carl Gustav. **O eu e o inconsciente**. Tradução de Dora Ferreira da Silva. 22. ed. Petrópolis, Vozes, 2011a. 191 p.

JUNG, Carl Gustav. **O Homem e seus símbolos**. 5. ed. Rio de Janeiro: Nova Fronteira, 1964. 316 p.

JUNG, Carl Gustav. **Os arquétipos e o inconsciente coletivo**. 3. ed. Petrópolis, RJ: Vozes, 2003. 447 p.

JUNG, Carl Gustav. **Psicologia do inconsciente**. 20. ed. Petrópolis,RJ: Vozes, 2011c. v. 7/1. 141 p.

JUNG, Carl Gustav. **Psicologia e religião**. 9. ed. Petrópolis,RJ: Vozes, 2011b. 129 p.

JUNG, Carl Gustav. **Os arquétipos e o inconsciente coletivo**. 3. ed. Petrópolis, RJ: Vozes, 2003.

LUMEN GENTIUM. **Constituição dogmática sobre a Igreja**, 1964. Disponível em: http://www.vatican.va/archive/hist_councils/ii_vatican_council/documents/vat-ii_const_19641121_lumen-gentium_po.html. Acesso em: 20 Jan. 2016

MACHADO, Ivna Carolinne Bezerra. **Dinâmica de lugares marianos**: a devoção à Lourdes como estratégia turístico-terapêutica nos santuários festivos de Chaval (CE) e Lagoa do Piauí (PI). Tese (Doutorado em Geografia) – Centro de Ciências, Universidade Federal do Ceará, Fortaleza, 2020. Disponível em: http://www.repositorio.ufc.br/handle/riufc/56263. Acesso em: 20 jan. 2021.

MACHADO, Ivna; OLIVEIRA, Christian. Dinâmicas devocionais de nossa senhora de lourdes: da interpretação dos discursos à construção do patrimônio religioso imaterial em fortaleza – ceará. *In:* XII ENANPEGE. Geografia, ciência e política: do pensamento à ação, da ação ao pensamento. 2017, Porto Alegre. **Anais [...]**. Enanpege, 2017.

MARINO, João. **Iconografia de Nossa Senhora e dos Santos**. São Paulo: Banco Safra, 1996, 152 p.

MARQUES, Janote Pires. **Festas de negros em Fortaleza**: Territórios, sociabilidades e reelaborações (1871-1900). 2009. 225 f. Dissertação (Mestrado) – Mestrado em História Social, Universidade Federal do Ceará. Fortaleza, 2008.

MÉNDEZ, Juan Diego Gutiérrez. **La Mestiza**: religiosidad practicante y doctrina en lucha por lo sagrado, el caso de la Virgen de Las Lajas. Trabalho de Conclusão de Curso, Departamento de Antropología, Universidad Nacional de Colombia, Bogotá, 2016. Disponível em: https://www.researchgate.net/publication/321025363_La_Mestiza_religiosidad_practicante_y_doctrina_en_lucha_por_lo_sagrado_el_caso_de_la_Virgen_de_Las_Lajas. Acesso em: 20 jan 2021.

MENDONÇA, Francisco. Tradição e modernidade nos cuidados com a saúde humana: Desafios e potencialidades à geografia da saúde. *In*: GURGEL, Helen;

BELLE, Nayara (org.). **Geografia e saúde**: teoria e método na atualidade. Brasília, DF: Universidade de Brasília, 2019. 170 p. p. 117-140.

NEUMANN, Eric. **A grande mãe**: um estudo fenomenológico da constituição feminina do inconsciente. Traducao: Fernando Pedraza de Maros e Maria Silva Mourao Netto, 6 ed. São Paulo: Cultrix, 1999.

NORA, Pierre. Entre memória e história – A problemática dos lugares. Projeto História: **Revista do Programa de Estudos Pós-Graduados em História e do Departamento de História da PUC/SP**. São Paulo, n. 10, p. 7-28, dez. 1993. Tradução de: Yara Aun Khoury.

OCAMPO, Alfredo; CUESTA, Guiomar. **Antología de mujeres poetas afrocolombianas**. Bogotá: Ministerio de Cultura, 2010.

OLIVEIRA, Christian Dennys Monteiro de. **Caminhos da festa ao patrimônio geoeducacional**. 1. ed. Fortaleza: EDUFC, 2012.

OLIVEIRA, Christian Dennys Monteiro de. Festas religiosas, santuários naturais e vetores de lugares simbólicos. **Revista da ANPEGE**, v. 7, n. 8, p. 93-106, ago./dez. 2011. Disponível em: http://ojs.ufgd.edu.br/index.php/anpege/article/view/6530. Acesso em: 08 mai. 2015

OLIVEIRA, Christian Dennys Monteiro de. Matergraphy and Heritage: Marian Shrines as Symbolic and Vector Spaces of Latinity. **Open journal of social sciences,** [S. l.; s. n.], v. 05, p. 185-206, 2017. Disponível em: https://file.scirp.org/pdf/JSS_2017102614155486.pdf. Acesso em: 18 ago.2018.

OLIVEIRA, Christian Dennys Monteiro de. **Turismo religioso**. São Paulo, SP: Aleph, 2004. 102 p.

OLIVEIRA, Christian Dennys Monteiro de; PAIVA, Lizandra Araújo de; FERREIRA, Kevin Torres. Allegory of momo as fractal maps of fragile latin democracies. **Geosaberes**, Fortaleza, v. 12, p. 68-87, feb. 2021. Disponível em: http://www.geosaberes.ufc.br/geosaberes/article/view/1068 . Acesso em: 08 mar. 2021.

OLIVEIRA, Christian; MACHADO, Ivna; ROCHA, Marcos. Caminhos do simbolismo: passos da pesquisa de campo na geografia cultural. **GeoTextos**, [S. l.; s. n.], v. 14, n. 2, dez. 2018. Disponível em: https://portalseer.ufba.br/index.php/geotextos/article/view/26366. Acesso em: 10 jan. 2019.

OSLENDER, Urlis. Geografías del terror 2004. *In:* RESTREPO, E; ROJAS, A. **Conflicto e (in)visibilidad. Retos en los estudios de la gente negra en Colombia.** Popayán: Editorial Universidad del Cauca, Colección Políticas de la alteridad, 2004.

OSTERRIETH, A. Pilgrimage, travel and existential quest. *In:* STODDARD, R.; MORINIS, A. (org.). **Sacred Places, Sacred Spaces** – The Geography of Pilgrimage. Baton Rouge: Louisiana State University, 1997. p. 25-39.

PEREIRA, Prisca. El otro exilio de Eva: imaginario y representación de la mujer negra en la poesía negra hispanoamericana. **Revista Gragoatá**, Niterói, No. 27, p. 169-187, 2009.

PINILLA, Andrea, B. Alabaos y conflito em el Chocó: noticias de supervivência y reinvención. **Revista Encuentros**, No. 15-3, p. 152-169, 2017.

PODJAJCER, Adil; MENNELLI, Yanina. La Mamita e Pachamama en las performances de Carnaval e la Fiesta de Nuestra Señora de la Candelaria en Puno y en Humahuaca. **Cuadernos de la Facultad de Humanidades y Ciencias Sociales** – Universidad Nacional de Jujuy [en linea]. Jujuy, Argentina, n. 36, p. 69-92, 2009. Disponível em: https://www.redalyc.org/articulo.oa?id=18516802004. Acesso em: 2 mar. 2021.

RELPH, Edward. Reflexões Sobre a Emergência, Aspectos e Essência de lugar. *In:* MARANDOLA JR, Eduardo; HOLZER, Werther; OLIVEIRA, Lívia de (org.). **Qual o espaço do lugar?** São Paulo: Perspectiva, 2012.

ROSENDAHL, Zeny. Construindo a geografia da religião no Brasil. **Espaço e Cultura**, n. 15, p. 1-13, jan./jun. 2003. Disponível em: http://www.e-publicacoes.uerj.br/index.php/espacoecultura/article/view/7734/5589. Acesso em: 18 jul. 2017.

ROSENDAHL, Zeny. **Espaço e religião**: uma abordagem geográfica. 2. ed. Rio de Janeiro: Ed. UERJ, 2002. 92 p.

ROSENDAHL, Zeny. **Hierópolis**: o sagrado e o urbano. 2. ed. Rio de Janeiro: Ed. UERJ, 2009. 118 p.

RUIZ, Castor Mari Martín Bartolomé. **Os paradoxos do imaginário**: Ensaio de filosofia. São Leopoldo: Unisinos, 2003.

SANTOS, Maria da Graça M. Poças. **Espiritualidade, turismo e território**: estudo geográfico de Fátima. São João do Estoril: Principia, 2006.

SCHNEIDER, Daniela. La Mama Negra – ¿símbolo de la multiculturalidad ecuatoriana?. **Indiana**, v. 24, Ibero-Amerikanisches Institut Preußischer Kulturbesitz. Berlin, Alemania, pp. 157-17, 2007. Disponível em: https://www.redalyc.org/articulo.oa?id=247016522007. Acesso em: 2 mar. 2021.

SEGATO, Rita. **La Nación y sus Otros**: Raza, etnicidad y diversidad religiosa en tiempos de Políticas de la Identidad. Buenos Aires: Prometeo Libros, 2007.

SILVA, Francisco José da. Filosofia, religião popular e romarias, uma leitura dialética. *In:* OLINDA, Ercília Maria Braga de; SILVA, Adriana Maria Simião da; OLIVEIRA, Alessandra Araújo. **Vidas em romaria**. Fortaleza: Ed. UECE, 2016.

SILVA, Juremir Machado da. **As tecnologias do imaginário**. 2. Ed. Porto Alegre: Sulina, 2006. 111 p.

STUMP, Roger W. **The geography of religion**: faith, place, and space. [*S. l.*]: Lanham, Rowman & Littlefield Publishers, 2008. 442 p.

TARNAS, Richard. **A epopéia do pensamento ocidental**: para compreender as idéias que moldaram nossa visão de mundo. 5. ed. Rio de Janeiro: Bertrand Brasil, 2002. 588 p.

TERRIN, Aldo Natale. **Nova Era**: A religiosidade do pós-moderno. Tradução de Euclides Balancin. São Paulo: Loyola, 1996. 230 p. Título original: New Age: La religiosità del postmoderno.

ULANOV, Ann Belford. Jung e a religião: o self oposto. *In:* **Compêndio da Cambridge sobre Jung**. YOUNG-EISENDRATH, Polly; DAWSON, Terence (org.). Santana: Madras, 2011. 448 p.

WINNICOTT, Donald Woods. **Natureza Humana**. Tradução de Davi Litman Bogomeletz. Rio de Janeiro: Imago, 1990. 222 p.

ÍNDICE REMISSIVO

A
Afrofeminino 9, 11, 59, 60, 85
Arquétipo 11, 14, 19, 23, 37, 41, 47, 48, 49, 59, 60, 61, 63, 67, 71, 80

F
Feminino 3, 4, 11, 13, 14, 15, 17, 18, 19, 21, 22, 23, 24, 25, 27, 28, 32, 38, 39, 41, 48, 49, 59, 60, 61, 62, 63, 67, 73, 74, 75
Festivo 14, 22, 39, 41, 54, 79

G
Grande Mãe 14, 19, 23, 25, 36, 41, 47, 48, 59, 82

L
Latinidade 11, 14, 21, 22, 23, 32, 73
Lourdes 19, 41, 50, 52, 53, 54, 55, 73, 75, 81

M
Maria 25, 31, 34, 41, 48, 49, 50, 51, 71, 77, 78, 79, 80, 82, 84

P
Pacífico 14, 19, 59, 62, 63, 64, 65, 66, 68, 69, 70, 71, 77
Paisagem 13, 17, 18, 21, 22, 23, 25, 37, 39, 41, 46, 56, 59, 78, 79
Patrimoniais 15, 19, 23, 47, 60, 67, 71

R
Ritual 15, 32, 37, 65, 66

S
Santuário 28, 29, 30, 53, 54, 55
Saúde 14, 19, 41, 42, 43, 52, 53, 55, 57, 64, 81, 82

SOBRE O LIVRO
Tiragem: 1000
Formato: 16 x 23 cm
Mancha: 12,3 x 19,3 cm
Tipologia: Times New Roman 11,5 | 12 | 16 | 18
Arial 7,5 | 8 | 9
Papel: Pólen 80 g (miolo)
Royal Supremo 250 g (capa)